MARCHA CRIANÇA

GRAMÁTICA

5º ANO — ENSINO FUNDAMENTAL

Maria Teresa Marsico
Licenciada em Letras pela Universidade Federal do Rio de Janeiro (UFRJ).
Pedagoga pela Sociedade Unificada de Ensino Superior Augusto Motta.
Atuou por mais de trinta anos como professora de Educação Infantil e Ensino Fundamental das redes municipal e particular do estado do Rio de Janeiro.

Maria Elisabete Martins Antunes
Licenciada em Letras pela Universidade Federal do Rio de Janeiro (UFRJ).
Atuou durante trinta anos como professora titular em turmas do 1º ao 5º ano da rede municipal de ensino do estado do Rio de Janeiro.

Armando Coelho de Carvalho Neto
Atua desde 1981 com alunos e professores das redes pública e particular de ensino do estado do Rio de Janeiro.
Desenvolve pesquisas e estudos sobre metodologias e teorias modernas de aprendizado.
Autor de obras didáticas para Ensino Fundamental e Educação Infantil desde 1993.

editora scipione

editora scipione

Presidência: Mario Ghio Júnior
Direção de soluções educacionais: Camila Montero Vaz Cardoso
Direção editorial: Lidiane Vivaldini Olo
Gerência editorial: Viviane Carpegiani
Gestão de área: Tatiany Renó
Edição: Mariangela Secco (coord.), Silvana dos Santos Alves Balsamão
Planejamento e controle de produção: Flávio Matuguma, Juliana Batista, Felipe Nogueira e Juliana Gonçalves
Revisão: Kátia Scaff Marques (coord.), Brenda T. M. Morais, Claudia Virgilio, Daniela Lima, Malvina Tomáz e Ricardo Miyake
Arte: André Gomes Vitale (ger.), Catherine Saori Ishihara (coord.) e Christine Getschko (edição de arte)
Diagramação: Ponto Inicial Design Gráfico
Iconografia e tratamento de imagem: André Gomes Vitale (ger.), Claudia Bertolazzi e Denise Durand Kremer (coord.), Fernando Cambetas (pesquisa), Fernanda Crevin (tratamento de imagens)
Licenciamento de conteúdos de terceiros: Roberta Bento (gerente); Jenis Oh (coord.); Liliane Rodrigues e Flávia Zambon (analistas); Raísa Maris Reina (assist.)
Ilustrações: Nicolas Maia (Aberturas de unidade), Ilustra Cartoon
Design: Erik Taketa (ger.) e Gustavo Vanini (proj. gráfico e capa)
Ilustração de capa: Estúdio Luminos

Todos os direitos reservados por Somos Sistemas de Ensino S.A.
Avenida Paulista, 901, 6º andar – Bela Vista
São Paulo – SP – CEP 01310-200
http://www.somoseducacao.com.br

Dados Internacionais de Catalogação na Publicação (CIP)

```
Marsico, Maria Teresa
    Marcha Criança : Gramática 1º ao 5º ano / Maria
Teresa Marsico, Maria Elisabete Martins Antunes,
Armando Coelho de Carvalho Neto. -- 3. ed. -- São Paulo
: Scipione, 2020.
    (Coleção Marcha Criança ; vol. 1 ao 5)

Bibliografia

1. Língua portuguesa - Gramática (Ensino fundamental) -
Anos iniciais I. Título II. Antunes, Maria Elisabete
Martins III. Carvalho Neto, Armando Coelho de IV. Série

                                            CDD 372.61
20-1101
```

Angélica Ilacqua - Bibliotecária - CRB-8/7057

2024
Código da obra CL 745878
CAE 721137 (AL) / 721138 (PR)
ISBN 9788547402914 (AL)
ISBN 9788547402921 (PR)
3ª edição
10ª impressão
De acordo com a BNCC.

Impressão e acabamento: Vox Gráfica / OP: 247473

Uma publicação

Os textos sem referência foram elaborados para esta coleção.

Nicolas Maia/Arquivo da editora

Com ilustrações de **Nicolas Maia**, seguem abaixo os créditos das fotos utilizadas nas aberturas de Unidade:

UNIDADE 1: Estádio: Africa Studio/Shutterstock.

UNIDADE 2: Avestruz: Krakenimages.com/Shutterstock, **Girafa:** jaroslava V/Shutterstock, **Árvores:** nasidastudio/Shutterstock, **Pedra:** chittakorn59/Shutterstock, **Placas:** Picsfive/Shutterstock, **Elefantes:** Patryk Kosmider/Shutterstock.

UNIDADE 3: Cadeiras: photka/Shutterstock, **Mesas:** Happy Stock Photo/Shutterstock.

UNIDADE 4: Cozinha: New Africa/Shutterstock, **Cesta com pães de queijo:** New Africa/Shutterstock.

APRESENTAÇÃO

Caro aluno, cara aluna,

Pensando em ajudá-los a se tornarem leitores e escritores competentes, a coleção **Marcha Criança Gramática** vai prepará-los para dominar uma das maiores realizações humanas: o ato de escrever!

Descobrindo alguns segredos da língua portuguesa, como a combinação de sinais, letras, palavras, ideias, vocês vão dar forma a textos e sentir cada vez mais o prazer de ler e escrever.

Esperamos que gostem da coleção e que, com ela, aprendam muito!

Bons estudos!

Os autores.

CONHEÇA SEU LIVRO

Veja a seguir como o seu livro está organizado.

UNIDADE

Seu livro está organizado em quatro Unidades. As aberturas são compostas dos seguintes boxes:

Entre nesta roda

Você e seus colegas terão a oportunidade de conversar sobre a imagem apresentada e a respeito do que já sabem sobre o tema da Unidade.

Nesta Unidade vamos estudar...

Você vai encontrar uma lista dos conteúdos que serão estudados na Unidade.

ATIVIDADES

Por meio de atividades diversificadas, nesta seção você vai colocar em prática seus conhecimentos e verificar se os conteúdos foram compreendidos.

NO DIA A DIA

Nesta seção, você vai estudar a gramática em situações de uso e compreender que ela está presente em nosso dia a dia.

ORTOGRAFIA

Nesta seção, você vai conhecer regras ortográficas e realizar várias atividades para fixar seu aprendizado.

SAIBA MAIS

Boxe com curiosidades e dicas sobre o conteúdo estudado.

AMPLIANDO O VOCABULÁRIO

Algumas palavras estão destacadas no texto e o significado delas aparece sempre na mesma página. Assim, você pode ampliar seu vocabulário.

DE OLHO NO DICIONÁRIO

Nesta seção você encontra dicas e sugestões sobre como usar o dicionário para descobrir o significado de palavras.

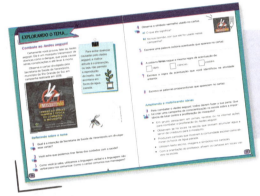

EXPLORANDO O TEMA...

A seção aborda temas variados para você refletir, ampliar seu conhecimento e discutir sobre suas ideias com seus familiares e amigos.

SUGESTÕES PARA O ALUNO

No final do livro, você vai encontrar indicações de livros, CDs, filmes e *sites* para complementar seus estudos.

PENSAR, REVISAR, REFORÇAR

A seção traz atividades que retomam alguns conteúdos estudados no decorrer da Unidade.

⋛ Material complementar ⋚

CADERNO DE JOGOS

Por meio de jogos, você vai estudar a gramática de um jeito muito divertido!

⋛ Quando você encontrar estes ícones, fique atento! ⋚

 Em dupla    Em grupo   Oral   No caderno

SUMÁRIO

UNIDADE 1 — OS FONEMAS DA LÍNGUA PORTUGUESA ... 8

- **1** O ser humano e a comunicação ... 10
  - Ortografia: **s**, **z**, **x** ... 14
- **2** Encontro vocálico: vogais e semivogais ... 16
  - Ortografia: **-izar**, **-isar** ... 22
- **3** Encontro consonantal e dígrafo ... 24
  - Ortografia: Consoante sem apoio de vogal ... 30
- **4** Sílaba, monossílabo átono e monossílabo tônico ... 32
  - No dia a dia ... 38
  - Ortografia: Sons do **x** ... 40
- **5** Sílaba tônica ... 42
  - Ortografia: **x**, **ch** ... 46
- **6** Acentuação gráfica: monossílabas e oxítonas ... 48
  - Ortografia: **o**, **u**, **l** ... 52
- **7** Acentuação gráfica: paroxítonas e proparoxítonas ... 54
  - Ortografia: **sc**, **sç**, **xc** ... 58
- **8** Sinais gráficos ... 60
  - Ortografia: Uso de **super-** e **ultra-** ... 64
  - De olho no dicionário ... 66
- **9** Sinônimos e antônimos; homônimos e parônimos ... 68
  - Ortografia: **des-**, **im-**, **in-** ... 74
  - Explorando o tema... Combate ao *Aedes aegypti* ... 76
  - Pensar, revisar, reforçar ... 78

UNIDADE 2 — ORGANIZANDO E CLASSIFICANDO AS PALAVRAS ... 80

- **10** Sinais de pontuação I – Tipos de frase ... 82
  - No dia a dia ... 88
  - Ortografia: **s**, **ss**, **c** e **ç**; **sc**, **sç** e **xc** ... 90
- **11** Sinais de pontuação II ... 92
  - Ortografia: **menos** ... 98
- **12** Artigo ... 99
  - De olho no dicionário ... 102
  - Ortografia: **r**, **rr** ... 104
- **13** Substantivo comum, próprio e coletivo ... 106
  - Ortografia: **h** ... 110
- **14** Substantivo simples, composto, primitivo e derivado ... 112
  - Ortografia: **li**, **lh** ... 117
- **15** Substantivo concreto e abstrato ... 119
  - Ortografia: **-ez**, **-eza** ... 121
- **16** Gênero do substantivo: epiceno, comum de dois gêneros e sobrecomum ... 122
  - Ortografia: **qua**, **que**, **qui**; **gua**, **gue**, **gui** ... 126
- **17** Número do substantivo: singular e plural ... 128
  - Ortografia: **e**, **i** ... 134
- **18** Grau do substantivo: normal, diminutivo e aumentativo ... 136
  - Ortografia: **-inho(a)**, **-zinho(a)** ... 140
- **19** Preposição e locução prepositiva ... 142
  - Ortografia: **traz**, **trás**, **atrás** ... 146
- **20** Crase ... 148
  - Ortografia: **onde**, **aonde** ... 152
  - Pensar, revisar, reforçar ... 154

UNIDADE 3 — CLASSE E FUNÇÃO DAS PALAVRAS 156

- **21** Adjetivo e locução adjetiva 158
  - No dia a dia 162
  - De olho no dicionário 164
  - Ortografia: -oso, -osa; -ês, -esa; -ense 166
- **22** Concordância nominal 168
  - Ortografia: Particularidades da concordância nominal 172
- **23** Grau do adjetivo: comparativo e superlativo 174
  - Ortografia: cessão, seção, sessão 180
- **24** Numeral 182
  - Ortografia: Escrita dos numerais 186
- **25** Pronome pessoal e pronome de tratamento 188
  - Ortografia: Abreviaturas e siglas 194
- **26** Pronome: possessivo, demonstrativo, indefinido e interrogativo 196
  - Ortografia: por que, porque, por quê, porquê 202
- **27** Conjunção 204
  - Ortografia: mas, mais 208
  - Explorando o tema... Alimentação saudável 210
  - Pensar, revisar, reforçar 212

UNIDADE 4 — VERBOS E ESTRUTURA DAS FRASES 214

- **28** Verbo 216
  - Ortografia: -izar, -isar 221
  - No dia a dia 222
- **29** Conjugação verbal: tempos e modos 224
  - De olho no dicionário 230
  - Ortografia: -ice, -isse; -ram, -rão 232
- **30** Verbos auxiliares 234
  - Ortografia: -em, -êm, -ém, -eem 240
- **31** Verbos irregulares 242
  - Ortografia: pôr, por 246
- **32** Advérbio e locução adverbial 248
  - Ortografia: bem, mal; bom, mau 253
- **33** Oração, sujeito e predicado 254
  - Ortografia: meio, meia 260
- **34** Interjeição 262
  - Ortografia: sexta, cesta 266
  - Pensar, revisar, reforçar 268

SUGESTÕES PARA O ALUNO 270

BIBLIOGRAFIA 272

UNIDADE 1
OS FONEMAS DA LÍNGUA PORTUGUESA

Entre nesta roda
- O que está acontecendo na cena?
- Você já foi a um lugar como esse?
- Observe na cena a palavra escrita com as quebras de sílaba. Por que você acha que ela foi escrita assim?

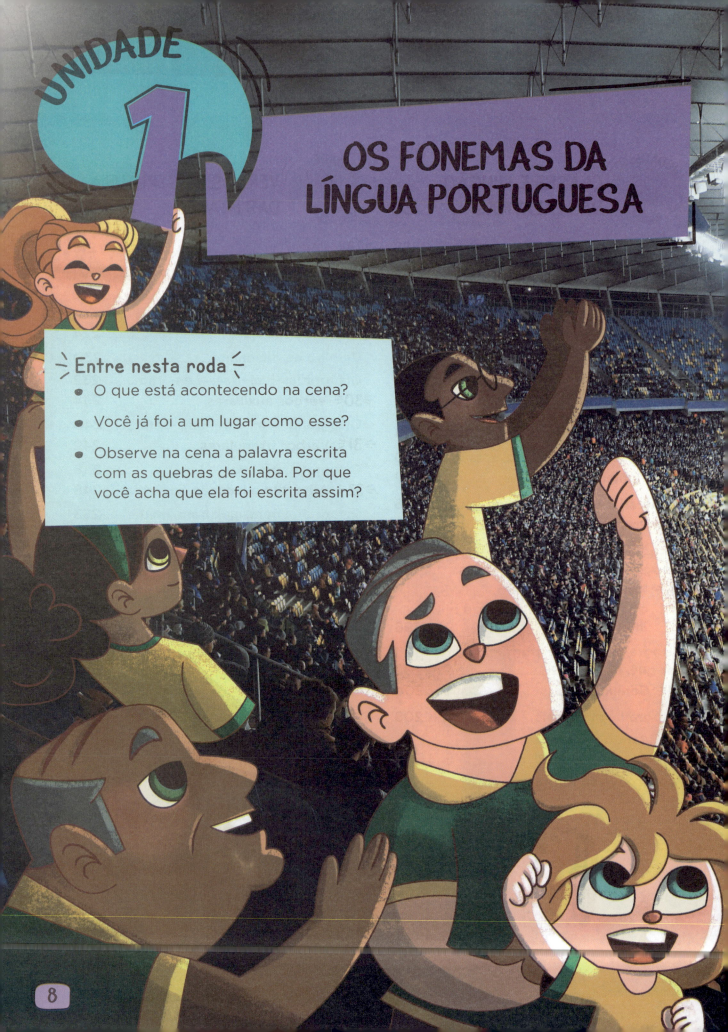

1 O SER HUMANO E A COMUNICAÇÃO

Leia a história em quadrinhos a seguir.

Curta o Menino Maluquinho 3, de Ziraldo. São Paulo: Globo, 2012. p. 62.

- Mesmo sem haver palavras nessa história, você conseguiu entendê-la? Conte a história a um colega com suas palavras.

Na história em quadrinhos que você acabou de ler foi usada a linguagem **não verbal**, ou seja, a comunicação se deu por meio de imagens, e não de palavras.

Observe estas imagens, que mostram diferentes formas de comunicação.

Podemos nos comunicar por meio de diferentes linguagens, como pintura, cinema, teatro, música, expressões faciais e corporais e a língua que falamos.

A **linguagem** pode ser **verbal** ou **não verbal**. A linguagem verbal utiliza palavras e pode se dar por meio da fala e da escrita. A linguagem não verbal utiliza imagens, sons, gestos, sinais, etc.

Saiba mais

Língua de sinais

As pessoas com deficiência auditiva têm uma língua de sinais reconhecida por lei. No Brasil, temos a Língua Brasileira de Sinais (Libras), que é composta de um alfabeto e de um conjunto de sinais.

Libras é considerada a segunda língua oficial brasileira. Para se comunicar por meio dela são usadas as mãos e expressões faciais e corporais.

Atividades

1 Leia o seguinte texto.

E quando foi criada a primeira gravura, você sabe?

● Mãos pintadas em caverna na Argentina.

A gente pode dizer que ela foi feita pelos homens das cavernas, em um período conhecido como Pré-História.

Essa imagem foi feita dentro de uma caverna. Alguém usou a própria mão como matriz e soprou pó colorido sobre ela. Em seguida, carimbou a marca de sua mão na pedra.

O ambiente da caverna é protegido: ali não bate sol nem cai água das chuvas. Por isso, essa imagem existe até os dias de hoje.

Gravura aventura, de Katia Canton. São Paulo: DCL, 2011. p. 11.

a) Segundo o texto, como foi criada a primeira gravura?

....

....

b) Na caverna foi usada uma forma de linguagem não verbal. Na sua opinião, o que a pessoa que usou a própria mão quis comunicar?

2 Pinte os quadrinhos de acordo com o tipo de linguagem utilizado em cada situação.

▥ Comunicação por palavras   ▥ Comunicação por imagens e palavras

▥ Comunicação por imagens

12

3 Utilize palavras para dizer o que as placas abaixo significam.

1

2

4 Observe as imagens das capas dos livros a seguir.

1

2

- Os títulos abaixo correspondem a qual capa? Analise as expressões das crianças e numere-os.

☐

☐

5 Os *emoticons* são muito utilizados na internet, em *e-mails* e em mensagens instantâneas ou publicadas em redes sociais. Eles expressam emoções e sentimentos.

- Os *emoticons* também podem ser criados utilizando-se sinais de pontuação e letras. Escreva o que cada *emoticon* representa.

a) :-) ....

b) >:(....

c) :-(....

d) :-D ....

e) :-@ ....

f) :O ....

Ortografia s, z, x

1 As letras **s**, **z** e **x** podem representar o mesmo som. Leia o texto a seguir e complete corretamente as palavras com uma dessas letras.

Uma forma muito utili............ada para reprodu............ir imagens é o carimbo.

Paulo Bruscky, um artista pernambucano, utili............ou postais, caixas, vassouras e muitos outros materiais do cotidiano para fa............er sua arte.

[...]

Serigrafia

A serigrafia é uma técnica de gravura que permite a reprodução de estampas e de............enhos em grande quantidade. Olhe em volta e você verá muitos e............emplo............ de serigrafia! As estampas de suas cami............etas, por e............emplo.

Na arte, a serigrafia ficou muito famo............a com os artistas *pop*, entre os anos 1950 e 1960. [...]

Gravura aventura, de Katia Canton. São Paulo: DCL, 2011. p. 21 e 46.

Um único som pode ser representado por letras diferentes. Por exemplo, o som **zê** pode ser representado pelas letras **s**, **z** e **x**.

- Escreva na coluna adequada as palavras que você completou no texto.

s com som zê	z com som zê	x com som zê

2 Complete as palavras das frases com **x** ou **z**.

a) A cor a..........ul é a preferida de Bia.

b) Esse a..........ulejo é muito bonito.

c) Eu tenho muita a..........ia quando como a..........eitona.

d) E..........iste algum e..........ercício de Matemática no seu livro para eu treinar divisão?

3 Contorne as palavras que têm **s** ou **x** representando o som **zê**.

exemplo	axila	pesquisa	exuberante
cansado	isopor	experiência	casual
colisão	sapato	táxi	enxada
exagerado	texto	decisão	desocupado

4 Escreva, na coluna adequada, as palavras que o professor vai ditar.

x representando o som sê	s representando o som sê

O som **sê** pode ser representado pelas letras **s** e **x**.

5 Complete as palavras com **s** ou **z**. **Dica:** Use **s** nas palavras que indicam país de origem e nas palavras que estão no plural.

- rapa..........
- rapide..........
- infeli..........
- pa..........
- francê..........
- caixa..........
- japonê..........
- holandê..........
- timide..........
- inglê..........
- arro..........
- arte..........

2 ENCONTRO VOCÁLICO: VOGAIS E SEMIVOGAIS

Leia o nome dos meses do ano neste calendário.

- Em quais nomes dos meses há encontro vocálico?

Veja abaixo a separação silábica dos nomes dos meses que têm encontros vocálicos. Veja também a classificação de cada encontro vocálico.

Lembre-se: Duas ou mais vogais juntas na mesma palavra formam um encontro vocálico.

ja-n**ei**-ro → ditongo

fe-ve-r**ei**-ro → ditongo

m**ai**-o → ditongo e hiato

ou-tu-bro → ditongo

- O encontro de duas vogais na mesma sílaba é chamado **ditongo**.
- O encontro de três vogais na mesma sílaba é chamado **tritongo**.
- O encontro de duas vogais em sílabas diferentes é chamado **hiato**.

Os sons vocálicos podem ser pronunciados com mais ou menos força. Leia a palavra **maio** em voz alta e observe que a letra **i** do ditongo **ai** é pronunciada com menos força do que a letra **a**. A letra **i** é uma semivogal.

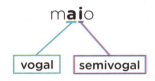

Semivogal é o nome que se dá ao fonema produzido como vogal, mas pronunciado com menor intensidade (mais fraco). Isso acontece com as vogais **i** e **u**.

As semivogais sempre acompanham uma vogal, com a qual formam uma sílaba.

Veja agora como as vogais e semivogais formam os encontros vocálicos.

Ditongo é o encontro vocálico formado por:

- semivogal + vogal → á-g**ua**

- vogal + semivogal → **ou**-tu-bro

Tritongo é o encontro formado por semivogal + vogal + semivogal, em uma mesma sílaba:

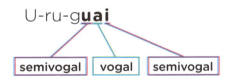

Hiato é o encontro formado por vogal + vogal, em sílabas separadas:

Atividades

1 Separe as sílabas das palavras de cada item. Depois, copie os encontros vocálicos, indique as vogais e semivogais de cada um deles e classifique-os em hiato, ditongo ou tritongo.

a) desiguais → *de-si-guais*

- Encontro vocálico: ....
- Vogais e semivogais: ....
- Classificação: ....

b) saída → ....

- Encontro vocálico: ....
- Vogais e semivogais: ....
- Classificação: ....

c) cenoura → ....

- Encontro vocálico: ....
- Vogais e semivogais: ....
- Classificação: ....

d) Paraguai → ....

- Encontro vocálico: ....
- Vogais e semivogais: ....
- Classificação: ....

2 Contorne a palavra "intrusa" de cada quadro. **Dica:** Analise os tipos de encontro vocálico.

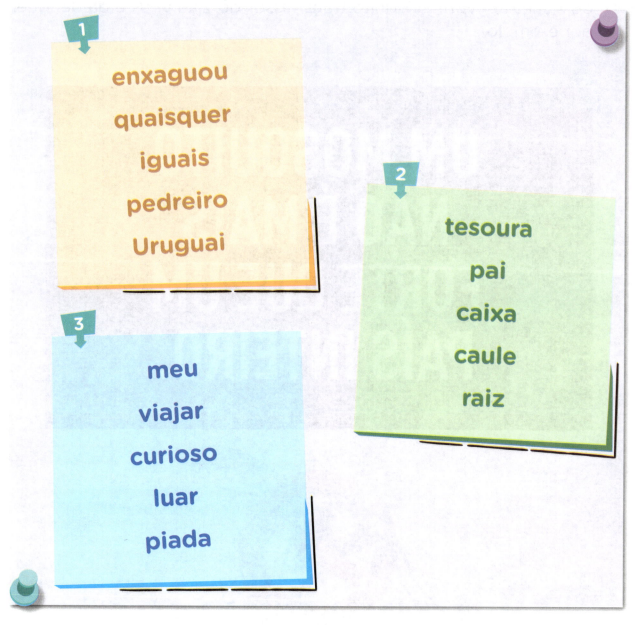

1. enxaguou, quaisquer, iguais, pedreiro, Uruguai

2. tesoura, pai, caixa, caule, raiz

3. meu, viajar, curioso, luar, piada

- Explique por que as palavras que você contornou são "intrusas".

....
....
....
....

3 Observe o texto e a imagem a seguir. Eles fazem parte da capa de um folheto com orientações para eliminar das casas os criadouros do *Aedes aegypti*, mosquito transmissor do zika vírus e da dengue, por exemplo.

a) Copie do folheto as palavras que têm encontro vocálico:

- com uma sílaba. ....

- com duas sílabas. ....

- com três sílabas. ....

- com quatro sílabas. ....

b) Agora, escreva essas palavras na coluna adequada.

Palavras com ditongo	Palavras com hiato	Palavras com hiato e com ditongo

4 Responda às adivinhas. **Dica:** Todas as palavras têm dois encontros vocálicos.

Peça de vestuário que cobre o pé.

O quinto mês do ano.

Meio de transporte aéreo.

Ortografia -izar, -isar

1 Leia esta conversa. Observe as palavras destacadas.

a) Escreva as palavras destacadas na coluna adequada.

Palavra terminada em **-izar**	Palavra terminada em **-isar**

b) Agora complete.

- O verbo **tranquilizar** é derivado da palavra primitiva _____.

- O verbo **avisar** é derivado da palavra primitiva _____.

Veja como não errar na escrita de verbos terminados em **-izar** ou **-isar**:

- Quando a palavra primitiva tem **s** em sua terminação, usamos **-isar**. Exemplo:

aviso – avisar

- Quando a palavra primitiva não tem **s** em sua terminação, usamos **-izar**. Exemplo:

tranquilo – tranquilizar

2 Complete as palavras com **-izar** ou **-isar**.

a)

b)

3 Forme verbos derivados dos substantivos a seguir, usando as terminações **-isar** ou **-izar**.

- revisão → _____
- fantasia → _____
- valor → _____
- canal → _____

3 ENCONTRO CONSONANTAL E DÍGRAFO

Leia um trecho desta letra de canção.

Ciranda dos bichos

[...]

A dança da cascavel, quero ver quem sabe dançar.

A dança da cascavel, quero ver quem sabe dançar.

Rebola pra lá, rebola ondulado

E estica o pescoço assim

E sobe no galho, balança o chocalho

Depois dá a mão pra mim.

A dança do caranguejo, quero ver quem sabe dançar.

A dança do caranguejo, quero ver quem sabe dançar.

Rebola pra lá, rebola pra cá

Belisca o meu pé assim

E mexe o olho e anda de lado

Depois dá a mão pra mim.

A dança do peixe-boi, quero ver quem sabe dançar.

A dança do peixe-boi, quero ver quem sabe dançar.

Rebola pra lá, rebola pra cá

E abre a boquinha assim

Me dá um beijinho e nada um pouquinho

Depois dá a mão pra mim.

[...]

Ciranda dos bichos, de Sandra Peres e Zé Tatit. Em: *Paulecco e Sandreca* (DVD), de Palavra Cantada. MCD, 2013.

- Na letra da canção há palavras com encontro consonantal. Vamos copiá-las?

....

....

- Também podemos encontrar dígrafos na letra da canção. Copie-os.

....

....

....

....

Lembre-se:
- **encontro consonantal** é a junção, na mesma palavra, de duas ou mais consoantes.
- **dígrafo** é a junção, na mesma palavra, de duas letras que representam um único som.

Veja alguns dígrafos:

na mesma sílaba	em sílabas separadas
ch → **ch**u-va	ss → a**s**-**s**im
lh → a-**lh**o	rr → a**r**-**r**oz
nh → ni-**nh**o	sc → cre**s**-**c**i-men-to
qu → **qu**e-ri-da	sç → de**s**-**ç**o
gu → pre-**gu**i-ça	xc → e**x**-**c**e-to

25

Leia as palavras abaixo.

guepardo

queijo

guitarra

es**qu**ilo

Observe que a letra **u** nessas palavras não é pronunciada. Os grupos **gu** e **qu** representam apenas um som (não se ouve o som do **u**), formando, assim, um **dígrafo**.

Quando a letra **u** é pronunciada, como nas palavras e**qu**estre e lin**gui**ça, não ocorre dígrafo. Nesse caso, a letra **u** forma um encontro vocálico (ditongo) com a vogal que a segue.

Também são dígrafos os grupos de letras **am**, **em**, **im**, **om**, **um** e **an**, **en**, **in**, **on**, **un**, que servem para representar as vogais nasais. Por exemplo, d**an**ça e **on**dulado.

Não são dígrafos os grupos **sc** e **xc** nas palavras em que cada uma dessas letras representa um som. Por exemplo, ca**sc**avel e e**xc**ursão.

Na separação de sílabas, as letras dos dígrafos **rr**, **ss**, **sc**, **sç** e **xc** ficam separadas: cor-ri-da, pas-sa-do, nas-ci-men-to, cres-ço e exc-to, por exemplo.

Atividades

1 Numere as alternativas conforme os códigos abaixo.

> **1.** dígrafo   **2.** encontro consonantal   **3.** encontro vocálico

☐ oceano, pai, televisão

☐ passarinho, cigarra, querido

☐ gravidade, planalto, floricultura

2 Identifique, em cada palavra, um dígrafo ou um encontro consonantal. Faça como no exemplo.

a) sorriso: rr – dígrafo: 2 consoantes, 1 som

b) prato: ....

c) chuva: ....

d) mangueira: ....

....

e) palavra: ....

f) assim: ....

....

3 Contorne as palavras em que os grupos de letras **qu**, **gu**, **sc** e **xc** não formam dígrafo.

escada	leque	piscina	exceção
cinquenta	excluir	guirlanda	quilo
excelente	mascote	crescer	aguentar

4 Leia o poema.

Um mico num galho de ipê

Brasil

Sou um macaco serelepe
Um mico bem **espoleta**
Tenho juba de **leão**
Tenho cauda de cometa
Quem **quiser** me **conhecer**
Vai aqui a **descrição**:
Sou escuro e **irrequieto**
Bem menor que um esquilo
Como **fruta**, como inseto
E peso quase **meio** quilo

Sou o mico-leão-da-cara-preta
E nunca tive medo de careta
Só me **assusto** com o **machado**
E também com a **motosserra**
Pois quando avistam as matas
Já vão declarando **guerra**
Mas enquanto houver um rio
E um pedaço de floresta
Estarei de **galho** em galho
Pra fazer a minha **festa**.

A volta ao mundo em 80 bichos, de José Santos.
São Paulo: Lazuli/Companhia Editora Nacional, 2008.

- Escreva nos itens adequados as palavras destacadas no texto.

a) Hiato e ditongo. ....

b) Encontro consonantal. ....

c) Dois dígrafos. ....

d) Dígrafo. ....

e) Encontro consonantal e ditongo. ....

f) Dígrafo e encontro consonantal. ....

g) Dígrafo e hiato. ....

5 Faça a separação das sílabas das palavras a seguir. **Dica:** Em todas as palavras há dígrafo.

- chocalho: _____
- assombração: _____
- caranguejo: _____
- excelente: _____

- cachorro: _____
- piscina: _____
- quitanda: _____
- cresça: _____

6 Agora separe as sílabas das palavras abaixo. **Dica:** Em todas as palavras há encontro consonantal.

- torta: _____
- estrela: _____
- árvore: _____

- escova: _____
- aplauso: _____
- abraço: _____

7 Siga a legenda abaixo e forme palavras substituindo os números por letras.

1	2	3	4	5	6	7	8	9	10	11	12	13	14	15	16
p	r	a	h	o	u	e	b	l	q	c	j	n	t	s	i

Encontro consonantal ou ditongo	Dígrafo ou hiato
1, 9, 3, 13, 7, 14, 3: _____	11, 3, 2, 2, 5: _____
14, 2, 7, 16, 13, 5: _____	10, 6, 7, 16, 12, 5: _____
11, 5, 8, 2, 7: _____	1, 3, 15, 15, 3, 2, 5: _____
1, 7, 2, 14, 5: _____	1, 5, 13, 14, 7: _____
3, 14, 9, 3, 15: _____	12, 6, 9, 4, 5: _____

Ortografia — Consoante sem apoio de vogal

Leia a frase abaixo em voz alta e observe que na palavra destacada há uma consoante sem apoio de vogal.

Os alunos dançaram no **ritmo** da música.

Dizemos que a consoante **t** não tem o apoio de vogal depois dela para formar sílaba.

Veja como é a separação silábica da palavra **ritmo**: rit-mo.

1 Separe as sílabas das palavras.

- gnomo: ....
- pseudônimo: ....
- dignidade: ....
- pneumático: ....
- recepção: ....
- técnico: ....
- psiquiatra: ....
- infecção: ....

2 Escreva o nome deste veículo de locomoção.

Saiba mais

Helicóptero

O helicóptero é um tipo de aeronave. Diferentemente do avião, ele pode subir em linha reta, deslocar-se de lado e para trás, além de girar ao redor de si próprio e ficar parado no ar. Ele voa a altitudes mais baixas que os aviões.

[...]

Muitos séculos atrás, pessoas da China e da Europa já faziam brinquedos que funcionavam como o helicóptero. No século XV, o artista e engenheiro italiano Leonardo da Vinci projetou uma aeronave muito parecida com o atual helicóptero; esse projeto, no entanto, nunca foi construído. Em 1843, um inventor inglês montou um helicóptero movido a vapor, mas ele mal saía do chão.

No século XX, surgiram motores mais potentes. Os engenheiros fizeram uso desses motores para aperfeiçoar o helicóptero, além de criar melhorias que tornaram a aeronave mais estável no ar. O primeiro helicóptero bem-sucedido foi construído na Alemanha, na década de 1930. A partir de então, foram projetados novos tipos de helicópteros para as mais diversas finalidades.

Helicóptero. **Britannica Escola.** Disponível em: <https://escola.britannica.com.br/artigo/helicóptero/481474>. Acesso em: 26 jan. 2020.

3 O que é, o que é?

> Embarcação que pode viajar submersa no oceano e o seu nome apresenta uma consoante sem apoio de vogal.

- Escreva uma frase com a palavra que você descobriu.

4 SÍLABA, MONOSSÍLABO ÁTONO E MONOSSÍLABO TÔNICO

Leia o seguinte texto.

> Para fabricar uma sacola plástica, é necessário energia, água e petróleo. A sacola é usada uma ou duas vezes e depois é descartada. Na melhor das hipóteses, ela irá para um lixão, mas o mais provável é que a sacola seja levada pelo vento até o campo, o rio ou o mar. Então, serão necessários mais de cem anos para que ela se decomponha completamente.
>
> [...]
>
> **Ecologia até na sopa**, de Mariela Kogan e Ilena Lotersztain. São Paulo: Companhia das Letrinhas, 2019. p. 27.

Você já aprendeu que cada parte de uma palavra pronunciada de uma só vez recebe o nome de sílaba.

No texto acima algumas palavras têm apenas uma sílaba, como **mar**, **cem** e **mas**.

> Damos o nome de **monossílabas** às palavras que têm apenas **uma sílaba**.
>
> O monossílabo pode ser átono ou tônico.
>
> O **monossílabo átono** é pronunciado com pouca intensidade e só tem significado na frase, como: **Na** melhor **das** hipóteses.
>
> O **monossílabo tônico** é pronunciado com mais intensidade e tem significado próprio, mesmo fora da frase, como: **céu**, **mar**.

Veja algumas regras de separação silábica.

Separam-se:

- as vogais dos hiatos: s**a-ú**-de, pa-r**a-í**-so;
- as consoantes dos dígrafos **rr**, **ss**, **xc**, **sc**, **sç**: ca**r-r**o, pa**s-s**a-gem, e**x-c**e-len-te, a-do-le**s-c**en-te, cre**s-ç**o.

Não se separam:

- as vogais e semivogais dos ditongos e tritongos: **ou**-tro, i-g**uais**;
- as consoantes dos dígrafos **nh**, **lh**, **ch**, **gu** e **qu**: li-**nh**a, fo-**lh**a, **ch**a-ve, **gu**ir-lan-da, **qu**e-ri-do;
- as consoantes dos encontros consonantais em que a segunda letra é **r** ou **l**: en-con-**tr**o, te-**cl**a-do.

Agora, pronuncie a palavra **hipóteses** em voz alta, pausadamente, e perceba que ela é formada por quatro grupos de som. Cada grupo constitui uma **sílaba**.

De acordo com o número de sílabas, as palavras são classificadas em:

- **monossílabas** → 1 sílaba

    Exemplos: mar, cem, mas.

- **dissílabas** → 2 sílabas

    Exemplos: li-xão, ven-to, á-gua.

- **trissílabas** → 3 sílabas

    Exemplos: fa-bri-car, plás-ti-ca, pro-vá-vel.

- **polissílabas** → 4 sílabas ou mais

    Exemplos: des-car-ta-da, de-com-po-nha, com-ple-ta-men-te.

Atividades

1 Contorne os monossílabos nos seguintes versos.

Sumário

O poema ensina a estar de pé.
Fincado no chão, na rua, o verso
não voa, não paira, não levita.

Mão que escreve não sonha
(em verdade, mal pode dormir à luz
das coisas de que se ocupa).

Verso livre: poemas. São Paulo: Boa Companhia, 2012. p. 105.

- Agora, escreva os monossílabos na coluna correspondente.

Monossílabos átonos	Monossílabos tônicos

Acentuamos os monossílabos tônicos terminados em a, as, e, es, o, os.

2 Leia o texto a seguir.

Nova língua brasileira

Embora várias **línguas** sejam faladas no Brasil, nosso **idioma** oficial é o **português**. E você sabe **qual** é o idioma oficial de **países** como Angola, Moçambique, São Tomé e Príncipe e Portugal? Português também, ora pois! Mesmo assim, aposto que você acharia engraçado ouvir alguém falar com o sotaque típico desses lugares. Nossa pronúncia é tão distinta que **há** quem diga **até** que parece uma língua diferente. Vamos com **calma**. Não é. Pelo menos ainda **não**…

Para o linguista José Simões, da **Universidade** de São Paulo, ainda não se pode dizer que o português falado no Brasil é autônomo – ou seja, único daqui e só entendido por falantes **brasileiros**. "O português brasileiro mantém um **vocabulário** bem **próximo** ao português falado na **Europa**", argumenta o especialista. "Apesar de, na hora da fala, acharmos engraçado e diferente o português de Portugal, ele ainda é **bem** parecido com o **nosso** na escrita". [...]

Nova Língua Brasileira. Disponível em: <http://chc.org.br/nova-lingua-brasileira/>.
Acesso em: 7 fev. 2020.

a) Qual é a palavra do texto que tem quatro sílabas e tem o mesmo significado de **independente**?

....

b) Que nome de país, citado no texto, é polissílabo?

....

c) Escreva nas colunas adequadas as palavras destacadas no texto.

Monossílabas	Dissílabas	Trissílabas	Polissílabas

3 Leia esta tirinha e observe como algumas palavras foram separadas nos balões de fala.

Calvin e Haroldo: Yukon Ho!, de Bill Watterson. São Paulo: Conrad, 2010.

a) Essas palavras foram separadas de acordo com as regras que você aprendeu? Justifique sua resposta.

b) De que outra forma a palavra **biscoitos** poderia ter sido separada no final da linha?

4 Leia o diálogo e observe as palavras destacadas.

a) Separe as sílabas das palavras destacadas.

_____

_____

b) A palavra **quais** pode ser separada? Por quê?

_____

_____

c) Qual dessas palavras é:

- trissílaba com hiato? _____

- polissílaba com dígrafo? _____

5 Leia as adivinhas a seguir e responda com as palavras do quadro, separando-as em sílabas.

| branco | brinquedo | transportadora | abacaxi | amor |

a) Tem duas sílabas. Na primeira sílaba há só uma letra. ....

b) Tem duas sílabas. Na primeira há quatro letras. ....

c) Tem quatro sílabas. Na primeira há só uma letra e nas outras sílabas, duas letras.

....

d) Tem cinco sílabas. Na primeira sílaba há cinco letras.

....

e) Tem três sílabas. Na segunda sílaba há um dígrafo.

....

6 Qual é a palavra "intrusa" em cada grupo, considerando o número de sílabas das palavras? Escreva-a e depois complete as frases.

MÊS   CÉU
LUA   MIL
TRÊS

GUARDANAPO
DESCOBRIR
ESCAPAMENTO
BRINCADEIRA
INSEGURANÇA

AÇAÍ   CIGARRA
REFEIÇÃO
QUATRO
FRESCOBOL

a) No primeiro grupo a palavra .... é .... e as outras palavras são monossílabas.

b) No segundo grupo a palavra .... é trissílaba e as outras palavras são ....

c) No terceiro grupo a palavra .... é .... e as outras palavras são trissílabas.

NO DIA A DIA

1 Veja a seguir o cartaz que a turma do 5º ano precisa corrigir, pois apresenta algumas palavras com a grafia incorreta.

> Conhecer a origem das palavras é muito importante para não cometer erros na hora de escrever.

ESTAMOS AQUI PARA AVIZAR:
ÁGUA É PRECISO ECONOMISAR.
SABENDO UTILISAR, ÁGUA
NÃO HÁ DE FALTAR!

- Observe no cartaz os verbos terminados em **–isar** e **–izar**. Faça a correção dos verbos, escrevendo a palavra primitiva correspondente a cada um.

Palavras primitivas	Verbos derivados
	avi ....
	economi ....
	utili ....

2 Agora, ajude os alunos a corrigir o cartaz. Reescreva o texto fazendo a correção das palavras escritas incorretamente.

> ESTAMOS AQUI PARA AVI............AR:
>
> ÁGUA É PRECISO ECONOMI............AR.
>
> SABENDO UTILI............AR, ÁGUA NÃO
>
> HÁ DE FALTAR!

Lembre-se: Para saber se o verbo termina em **-isar** ou **-izar**, é preciso observar a palavra que lhe deu origem.

3 Complete as frases com as palavras do quadro.

| fiscalizar | analisar |

a) Cientistas vão .... a qualidade da água para o consumo humano.

b) É preciso .... áreas em que estão poluindo as águas dos rios.

- Agora, preencha as lacunas.

A palavra **analisar** termina em ...., pois é um verbo derivado do substantivo **análise**, palavra primitiva que apresenta **s** em sua terminação.

A palavra **fiscalizar** termina em ...., pois deriva do substantivo ...., que não apresenta **s** em sua terminação.

Ortografia — Sons do x

1 Leia em voz alta o texto a seguir e contorne as palavras em que a letra **x** representa sons diferentes.

De que é feito o chiclete?

O principal ingrediente é uma mistura de vários tipos de borracha feita a partir de petróleo e chamada de goma base. É essa goma que deixa o chiclete flexível o suficiente para que possamos mastigá-lo e fazer bolas. Ele tem ainda resinas e óleos vegetais, que amaciam a mistura, substâncias minerais para encorpar a massa, açúcar, xarope de glicose, corantes, aromas e ácidos que dão diferentes sabores para o doce. Alguns possuem também um recheio líquido feito com um xarope concentrado de açúcar, glicose, aromas, corantes e substâncias para dar o sabor.

Curiosidades Recreio, de Fernanda Santos (Org.). São Paulo: Abril, 2012.

2 Distribua nas colunas adequadas as palavras do quadro abaixo, de acordo com o som da letra **x**.

tórax	exame	mexer	auxílio	flexível
experiente	vexame	texto	exaltado	exigente
máximo	enxoval	auxiliar	durex	extrair

Som de ch	Som de ss	Som de z	Som de cs	Som de s

40

3 Complete as palavras a seguir com as letras que estão faltando. **Dica:** Nem todas as palavras devem ser completadas com a letra **x**.

- e........ato
- e........plodir
- a........edo
- bu........a
- comple........o
- ....u........u
- be........iga
- a........inar
- má........imo
- e........ótico
- e........uberante
- e........tintor
- e........pecial
- refle........o
- ine........quecível

4 Responda às adivinhas. **Dica:** Todas as palavras têm **x**.

a) Jogo com peões, rei, rainha, cavalos, torres e bispos.

b) Aparelho utilizado no táxi que indica o valor que o passageiro deverá pagar pelo serviço.

c) Que tem origem, ocorre ou existe fora da Terra.

d) Líquido usado para lavar os cabelos.

e) É um instrumento musical de sopro.

f) O mesmo que **certo** ou **correto**.

5 SÍLABA TÔNICA

Leia silenciosamente o texto abaixo.

Floresta Amazônica

● Floresta Amazônica, Brasil. Foto de 2020.

Quando a gente vê fotos e filmes da Flo**res**ta Ama**zô**nica feitos do céu, parece uma imensi**dão** toda igual: **ver**de em cima de verde, tão fechado que não se vê o chão, com rios a perder de vista.

E **e**la é mesmo enorme; a Amazônia é a mai**or** floresta tropical do mundo, quase metade do Brasil é coberta por ela, mas ela vai a**lém** dessas fronteiras e tem partes no Peru, na Venezuela e em outros países. É tão grande, mas tão grande, que levaria mais de um ano para cruzar a pé.

Mini curiosos descobrem a Amazônia, de Clarice Uba. São Paulo: Lume Livros, 2018. p. 2.

- Segundo o texto, como é a Floresta Amazônica?
- Agora, leia em voz alta as palavras extraídas do texto e observe a sílaba destacada.

| Flo**res**ta | Ama**zô**nica | imensi**dão** |
| **ver**de | mai**or** | a**lém** |

As sílabas destacadas nessas palavras são pronunciadas com mais força que as outras.

A sílaba pronunciada com mais força chama-se **sílaba tônica**. As sílabas mais fracas são denominadas **sílabas átonas**.

A sílaba tônica pode ocupar três posições na palavra. De acordo com sua posição, as palavras se classificam em:

- **oxítonas.**

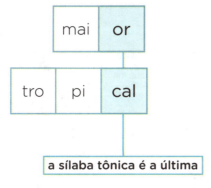

- **paroxítonas.**

- **proparoxítonas.**

A sílaba tônica pode ou não ser acentuada graficamente. O acento tônico indica maior intensidade na pronúncia da sílaba em que ele está.

Agora, observe.

É tão grande, **mas** tão grande, **que** levaria **mais de um** ano para cruzar **a pé**.

As palavras destacadas são monossílabas, pois têm apenas uma sílaba.

Os monossílabos podem ser **tônicos** ou **átonos**.

Atividades

1 Leia os quadrinhos a seguir.

Turma da Mônica, de Mauricio de Sousa. São Paulo: Panini Comics/Mauricio de Sousa Editora, n. 3, jul. 2015.

a) Copie as palavras destacadas, separe-as em sílabas e pinte de amarelo a sílaba tônica.

....

....

....

b) As palavras **planetas**, **incrível** e **maravilhoso** são:

☐ oxítonas.

☐ paroxítonas.

☐ proparoxítonas.

c) Das palavras destacadas no texto, qual é polissílaba?

....

d) As palavras **eu**, **mais**, **pôr** e **sol** são monossílabos:

☐ tônicos. ☐ átonos.

2 Leia esta tirinha.

Calvin e Haroldo: deu "tilt" no progresso científico, de Bill Watterson. São Paulo: Conrad, 2009.

a) Copie do primeiro quadrinho as palavras monossílabas.

....

b) Copie do segundo quadrinho quatro palavras oxítonas.

....

c) Qual palavra do quarto quadrinho é proparoxítona?

....

d) Identifique e escreva as quatro palavras polissílabas paroxítonas presentes na tirinha.

....

3 Assinale a alternativa que indica somente palavras oxítonas. Depois, complete a informação.

☐ educação, cálculo, ninguém, teleférico

☐ computador, francês, leão, visual

☐ doméstico, vegetal, caminho, café

• Palavras oxítonas têm a sílaba tônica na .... sílaba.

Ortografia x, ch

Leia o poema.

Cuxiú-de-nariz-branco

Cuxiú chegou no chalé,

Xeretou em tudo,

Mexeu na graxa,

Chutou o lixo,

Cheirou chulé,

Chacoalhou a chave,

Puxou uma caixa,

Achou chocolate,

Chupou chupeta,

Chuchou a tomada,

Levou um choque,

Teve chilique,

Chorou, xingou

E de lá chispou.

Bem brasileirinhos, de Lalau e Laurabeatriz. São Paulo: Cosac Naify, 2004.

Compare.

| caixa | xeretou | cheiro | cuxiú |
| chilique | lixo | choque | chave | chupeta |

A consoante **x** e o dígrafo **ch** podem representar o som **chê**.

1 Complete as palavras com **x** ou **ch**.

A fai........a com o ....amado para a gincana foi colocada em local ....eio de árvores.

46

2 Complete as palavras dos grupos com **x** ou **ch**.

Grupo 1	
en........aqueca	amei........a
........ampu	be........iga
fa........ina	gra........a
........ícara	lu........o
bai........inho	pu........ar

Grupo 2	
pe........in........a	boli........e
mo........ila	lan........e
........uteira	........inelo
co........ilo	col........onete
fi........ário	........urrasco

a) Todas as palavras do grupo 1 são escritas com:

☐ **x**.   ☐ **ch**.

b) Todas as palavras do grupo 2 são escritas com:

☐ **x**.   ☐ **ch**.

c) O que as palavras do grupo 1 e as do grupo 2 têm em comum?

....

....

3 Complete as palavras com **x** ou **ch**.
Dica: Use **x** depois de **me-** e de **en-**.

- ....iclete
- Mé........ico
- ....eio
- en........ugar
- me........er
- ....uvisco
- espi........ar
- me........erico

4 Observe o exemplo e escreva palavras da mesma família.

- piche: *pichar, pichação, pichador*
- faixa: ....
- ficha: ....
- caixa: ....

6 ACENTUAÇÃO GRÁFICA: MONOSSÍLABAS E OXÍTONAS

Leia este texto.

Harpia

Quando você pensa nos bichos que comem outros bichos na Amazônia, talvez pense na onça ou nos jacarés, ou até na sucuri. Mas um dos maiores caçadores da floresta é um pássaro, a harpia.

Essa ave com cara de malvada vive lá no topo das árvores mais altas da floresta, e ela é uma das águias mais fortes do mundo. A harpia pode pesar até 10 quilos e ter asas que medem 2 metros de ponta a ponta. As garras nos pés dela são maiores que as garras de um urso-pardo (que é enorme) e a pressão desses pés é mais forte que a mordida de um cachorro grande!

[...]

Mini curiosos descobrem a Amazônia, de Clarice Uba. São Paulo: Lume Livros, 2018. p. 8.

Você deve ter observado no texto que algumas palavras têm acento gráfico: voc**ê**, Amaz**ô**nia, jacar**é**s, at**é**, **é**, p**á**ssaro, l**á**, **á**rvores, **á**guias, p**é**s.

O **acento agudo** ´ é usado sobre as vogais para indicar tonicidade. Sobre as vogais **a**, **e** e **o**, indica som aberto.

l**á**pis   caf**é**   ju**í**za   **ó**culos   sa**ú**de

O **acento circunflexo** ^ é usado sobre as vogais **a**, **e** ou **o** para destacar a vogal tônica. Indica som fechado.

âncora   voc**ê**   tric**ô**

Para usar corretamente os acentos gráficos, é preciso conhecer algumas regras básicas.

Veja as regras que se aplicam às palavras monossílabas e às oxítonas.

Palavras monossílabas

- São acentuadas as palavras monossílabas tônicas terminadas em **a/as**, **e/es**, **o/os**.

EXEMPLOS: MÁ, PÁS; PÉ, TRÊS; SÓ, NÓS.

Palavras oxítonas

- São acentuadas as palavras oxítonas terminadas em **a/as**, **e/es**, **o/os**, **em/ens**.

EXEMPLOS: SOFÁ, ATRÁS; VOCÊ, ATRAVÉS; MAIÔ, APÓS; ARMAZÉM, PARABÉNS.

- São acentuadas as palavras oxítonas terminadas em ditongos abertos **éis**, **éu/éus**, **ói/óis**.

EXEMPLOS: PASTÉIS; CHAPÉU, CÉUS; DODÓI, HERÓIS.

Nas palavras acentuadas graficamente, a sílaba tônica é a que tem acento.

Atividades

1 Complete as frases com as palavras dos quadros.

> secretária   secretaria

a) Fiz a matrícula na .... da escola.

A .... pediu meus documentos.

> dúvida   duvida

b) Meu irmão sempre .... do que eu digo.

Não tenho .... sobre o que vai acontecer se eu não estudar para a prova.

2 Acentue as palavras do quadro.

| picole | tenis | japones | relogio |
| nectar | reporter | fenomeno | volei |

a) Agora, distribua essas palavras na coluna adequada.

Palavra com acento agudo	Palavra com acento circunflexo

b) Leia em voz alta as palavras do quadro e complete:

- O acento agudo sobre as vogais .... e .... indica som ....

- O acento circunflexo sobre as vogais .... e .... indica som ....

3 Leia as palavras do quadro em voz alta, acentue-as se necessário e depois complete as frases com elas.

| trofeu/europeu | chapeu/meu | aneis/reis |
| asteroide/super-heroi | dois/cachecois | seu/ceu |

a) O time _____ ganhou o _____ no campeonato de futebol.

b) Esse _____ azul é _____.

c) Os _____ dos _____ são feitos de ouro.

d) O _____ salvou o planeta do _____.

e) Ganhei _____ lindos _____ para o inverno.

f) _____ papagaio voou leve pelo _____.

4 Encontre e contorne no diagrama cinco palavras oxítonas.

P	J	F	H	U	I	A	Z	U	L	V	S	G	Q	P
H	G	I	R	A	S	S	Ó	I	S	K	Y	W	U	N
G	Z	E	T	I	X	E	D	T	Y	R	V	É	U	T
Z	T	A	M	B	É	M	S	Q	A	X	C	V	S	E
U	A	R	S	N	T	B	Y	M	N	I	W	I	T	O
I	E	W	H	G	F	O	G	A	R	É	U	V	D	Q
Y	V	A	B	R	Q	T	B	W	S	V	E	H	D	A

• Agora copie as palavras que você encontrou. Em seguida, divida-as em sílabas.

_____ → _____

_____ → _____

_____ → _____

_____ → _____

_____ → _____

Ortografia o, u, l

1 Copie as frases, substituindo ✪ por **o** ou **u**.

a) É difícil eng✪lir este c✪mprimid✪.

b) Os alunos acertaram a tab✪ada do oit✪.

c) T✪ssi log✪ depois que c✪mi uma jab✪ticaba.

d) Os escoteir✪s usaram uma b✪ss✪la para encontrar o caminh✪.

> Em muitas palavras, a letra **o** é pronunciada como se fosse **u**.

2 Leia as palavras do quadro e escreva-as abaixo da figura correspondente.

| comprimento | soar |
| cumprimento | suar |

3 Complete as palavras das frases com **l** ou **u**.

Ígor adora pêssego em ca___da.   A ca___da do cometa brilhou no céu.

Ana abri___ a janela.   Bia faz aniversário em abri___.

4 Complete as palavras de cada coluna com **l** ou **u**.

a. a___mentar	**1.** minga___	so___ber
b. a___batroz	**2.** a___toridade	aço___gue
c. ba___nilha	**3.** anima___zinho	so___dado
d. sa___sinha	**4.** a___tomóvel	berimba___
e. a___torizar	**5.** sa___gado	e___ropeu
f. ca___tela	**6.** se___vagem	si___vestre
g. ba___conista	**7.** ba___neário	ro___quidão
	8. a___ce	

• Para saber se você acertou, consulte cada coluna de acordo com a legenda abaixo.

 Forme uma palavra com as letras dos itens que você completou com **u**. Você acertou se conseguiu formar a palavra **face**.

 Adicione os números dos itens que você completou com **l**. Você acertou se a soma deu **29**.

 Junte a letra inicial das palavras que completou com **u**. Você acertou se formou palavra **saber**.

ACENTUAÇÃO GRÁFICA: PAROXÍTONAS E PROPAROXÍTONAS

Você sabe o que são ditados populares? A seguir, você conhecerá alguns, mas, antes, brinque com os colegas o jogo **Mímica dos ditados**, disponível no **Caderno de jogos**.

Depois, leia os ditados populares a seguir e observe os acentos gráficos nas palavras destacadas.

Gato escaldado tem medo de **água** fria.

Falar é **fácil**, fazer é que é **difícil**.

Mais vale um **pássaro** na mão do que dois voando.

Quem ri por **último** ri melhor.

Ditados populares.

As palavras **água**, **fácil** e **difícil** são **paroxítonas**. As palavras **pássaro** e **último** são **proparoxítonas**.

Conheça abaixo as regras para acentuar corretamente paroxítonas e proparoxítonas.

Palavras paroxítonas

- São acentuadas as paroxítonas terminadas em **r**, **x**, **n**, **l**, **i/is**, **um/uns**, **us**, **ã/ãs**, **ão/ãos**, **ps**. Exemplos: açúca**r**, fêni**x**, híf**en**, dóci**l**, júr**i(s)**, álb**um**/álb**uns**, Vên**us**, ím**ã(s)**, órg**ão(s)**, bíce**ps**.

- São acentuadas as paroxítonas terminadas em ditongo oral crescente ou decrescente, seguido ou não de **s**. Exemplos: ág**ua(s)**, exercíc**io(s)**, mág**oa(s)**, ciênc**ia(s)**, pôn**ei(s)**.

> Não são acentuados os ditongos **ei** e **oi** da sílaba tônica das palavras paroxítonas. Exemplos: estr**ei**a, id**ei**a, jib**oi**a, her**oi**co.

Palavras proparoxítonas

- Todas as palavras proparoxítonas são acentuadas. Exemplos: **pás**sa-ro, **lâm**pada, arque**ó**logo, infor**má**tica, A**tlân**tico, **cô**modo, **mú**sica.

Atividades

1 Leia este poema.

sementes

Sementes são pequenos milagres
à espera
de alguém que as plante,
de mão de gente,
de vento ou
de voo de passarinho.

No Armarinho Mágico
é possível encontrar
as mais raras sementes
das flores que você sonhar,
de árvores imensas como
jacarandá e baobá.

Encha o seu bolso
e leve para casa
uma floresta ou um jardim.

Armarinho mágico, de Roseana Murray. Itapira, SP: Estrela Cultural, 2018. p. 32.

- Escreva qual é a regra de acentuação que seguem as palavras abaixo, retiradas do texto.

  alguém: ....

  jacarandá: ....

  Mágico: ....

  possível: ....

  árvores: ....

  você: ....

  baobá: ....

2 Contorne em cada quadro a palavra que não segue a mesma regra de acentuação das outras e complete a justificativa.

a) | cipó   estômago   zoológico   único |

- Todas as palavras do quadro são ....,

  exceto ...., que é ....

- Cite exemplos de outras palavras que seguem a mesma regra de acentuação das palavras que você não contornou.

....

b) | táxi   família   difícil   mágico |

- Todas as palavras do quadro são ....,

  exceto ...., que é ....

- Cite exemplos de outras palavras que seguem a mesma regra de acentuação das palavras que você não contornou.

....

c) | herói   avô   pólen   português |

- Todas as palavras são ...., exceto

  ...., que é ....

- Cite exemplos de outras palavras que seguem a mesma regra de acentuação das palavras que você não contornou.

....

3 Leia as frases e acentue as palavras se necessário.

a) Na revista que comprei veio um album gratis.

b) Cecilia achou que os exercicios da prova estavam faceis.

c) Quando o reporter entrou no taxi, deixou cair o lapis.

4 Complete a cruzadinha com as palavras do quadro.

> 5 letras → ídolo
> 6 letras → câmara, cédula, hábito, ônibus, xícara
> 7 letras → abóbora, veículo
> 8 letras → fenômeno, trânsito, príncipe
> 10 letras → quilômetro

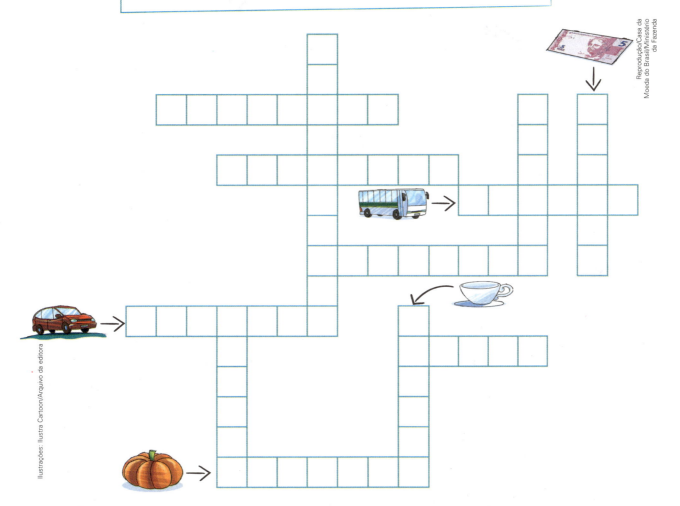

a) As palavras da cruzadinha são oxítonas, paroxítonas ou proparoxítonas?

....

b) Escreva a regra de acentuação dessas palavras.

....

....

Ortografia — sc, sç, xc

1 Leia a fala em voz alta, prestando atenção nas palavras destacadas.

MÃE, QUANDO O MEU IRMÃOZINHO **CRESCER**, ELE VAI PARA A **ESCOLA** COMIGO?

a) O grupo **sc** representa som **ss** em qual das palavras abaixo?

☐ escola   ☐ crescer

b) Ao pronunciar as palavras a seguir, em qual delas podemos ouvir o som das letras **s** e **c** separadamente?

☐ escola   ☐ crescer

2 Leia em voz alta as palavras de cada quadro e assinale o quadro em que o grupo **xc** representa som **ss**.

1

| exclusivo |
| exclusão |
| excremento |
| excursão |
| exclamação |

2

| excepcional |
| excelente |
| exceção |
| excesso |
| exceto |

3 Complete as palavras com **sc** ou **xc**. Se tiver dúvida, consulte um dicionário.

- e............essivo
- di............iplina
- sei............entos
- e............epcionalmente
- fa............ículo
- e............eções
- de............ida
- con............iência
- pi............ina

> Quando os grupos **sc**, **sç** e **xc** representam som **ss**, eles formam dígrafo. Na separação silábica, fica uma letra em cada sílaba, como em pis-ci-na.

4 Complete as palavras das frases com **sc** ou **sç**. **Dica:** Use **sc** antes das vogais **e** e **i**; use **sç** antes das vogais **a** e **o**.

a) Menina, de............a já daí!

b) Os meninos de............eram a rua gargalhando.

c) Tomara que as árvores flore............am logo.

d) Meus cabelos cre............em rápido.

e) Eu de............o as escadas com cuidado e atenção.

5 Procure no diagrama as palavras que completam as frases e escreva-as.

Q	W	E	X	C	E	P	C	I	O	N	A	L	V	X	B
R	E	I	O	P	L	K	E	C	D	E	S	C	I	D	A
A	S	C	E	N	S	O	R	I	S	T	A	Y	F	C	L
I	P	C	Z	E	X	C	E	L	E	N	T	E	S	D	S

a) O motorista diminuiu a velocidade na ....

b) O pintor tem um talento..

c) O..maneja o elevador.

d) Os alunos tiveram..notas.

8 SINAIS GRÁFICOS

Observe alguns sinais gráficos utilizados em língua portuguesa.

Hífen -

● cavalo-marinho

> **Hífen –** é o sinal usado para ligar palavras ou separar sílabas.

Usamos o hífen com diferentes finalidades. Veja:

- Para formar uma nova palavra pela união de duas ou mais palavras. Por exemplo:
  montanha-russa, copo-de-leite, bate-papo, peixe-boi

- Para separar as sílabas das palavras. Por exemplo:
  es-co-la, sa-í-da, des-per-ta-dor, at-mos-fe-ra

- Para ligar um pronome a um verbo. Por exemplo:
  Ganhei uma blusa nova. Vou usá-la amanhã.

- Para ligar **pré-**, **pós-**, **ex-**, **vice-** a outras palavras. Por exemplo:
  pré-adolescente, pós-operatório, ex-presidente, vice-campeão

- Para ligar **hiper-**, **inter-**, **super-** a palavras iniciadas por **r** ou **h**. Por exemplo:
  hiper-reativo, inter-relacional, super-herói

Apóstrofo '

- queda-d'água

Apóstrofo ' é o sinal que indica a retirada de uma letra da palavra:

queda de água → queda-d'água

Cedilha ,

- jacaré-açu

Cedilha , é o sinal colocado sob a letra **c** para indicar o som **sê**, como em **jacaré-açu**.

Til ~

- balões

Til ~ é o sinal usado sobre as vogais **a** e **o** para marcar som nasal, como em **balões**.

Atividades

1 Escreva o hífen nas palavras do quadro, quando necessário. Depois use as palavras para completar as frases.

| pé de moleque | arco íris | segunda feira |
| couve flor | fim de semana | pega pega |

a) Passei o .... com meus amigos.

b) Depois da chuva, vimos um ....

c) Jogo futebol na escola toda ....

d) Brincamos de esconde-esconde e ....

e) Compramos .... e outros doces.

f) Sei fazer uma salada de .... deliciosa.

2 Leia a informação.

A **galinha-d'angola** é originária da África. Ela possui plumagem cinzenta com pintas brancas.

a) Quais são os sinais gráficos usados na expressão destacada?

....

b) O apóstrofo foi usado para indicar a retirada da letra **e** na expressão ....

3 Responda às adivinhas. **Dica:** As respostas têm hífen e apóstrofo.

a) É o mesmo que cachoeira. ....

b) Reservatório em forma de caixa usado para armazenar água.

....

4 Leia o texto e coloque a cedilha nas palavras destacadas.

Os lixões são um **espaco** aberto no qual o lixo fica apodrecendo ou é queimado. [...] Não devem ser confundidos com aterros sanitários, pois é um método que não leva em **consideracão** critérios sanitários ou ecológicos, provocando a **contaminacão** das águas subterrâneas, do solo e a **poluicão** do ar com gases tóxicos.

É muito comum também o despejo do lixo em córregos ou em terrenos baldios pela **populacão** de periferias que não recebem **atencão** quanto à coleta ou à **educacão** municipal.

[...]

Lixo, de Lucília Garcez e Cristina Garcez. São Paulo: Callis, 2010. p. 9.

5 Encontre no diagrama sete palavras com til. Depois, responda às adivinhas com as palavras encontradas.

M	N	A	Ç	Ã	O	O	E	V	I	O	L	Ã	O	I	M
A	E	D	M	A	L	E	M	Ã	O	F	A	S	G	Õ	A
Ç	Ç	H	E	J	C	A	M	P	E	Õ	E	S	K	L	F
Ã	T	Z	Ç	B	N	T	E	L	E	V	I	S	Ã	O	H

a) É o mesmo que país: ....

b) Meio de comunicação: ....

c) Nascido na Alemanha: ....

d) Vencedores: ....

e) Fruto da macieira: ....

f) Instrumento musical: ....

Ortografia: Uso de super- e ultra-

Leia a tirinha a seguir.

Peanuts, Charles Schulz © 1985 Peanuts Worldwide LLC/Dist. by Andrews McMeel Syndication

Snoopy: assim é a vida, Charlie Brown!, de Charles M. Schulz. Porto Alegre: L&PM, 2011.

A palavra **superpopulação** apresenta o prefixo **super-**.

Prefixo é o elemento que aparece antes da palavra primitiva.

> O prefixo **super-** significa 'posição superior', 'excesso de'. A colocação do prefixo **super-** antes da palavra **população** (super + população) forma uma nova palavra, que dá a ideia de 'excesso de população'.

1 Acrescente o prefixo **super-** nas palavras abaixo e observe o sentido da nova palavra que se forma. Veja o exemplo:

- lotado → *superlotado*
- aquecimento → ....
- interessante → ....
- mercado → ....

2 Leia a frase e faça o que se pede na página seguinte.

> O trem-bala é **ultraveloz**.

> A palavra **ultraveloz** apresenta o prefixo **ultra-**, que significa 'extremamente', 'em excesso'.

a) Coloque o prefixo **ultra-** antes das palavras abaixo, formando uma nova palavra. Observe o sentido da palavra formada. Veja o exemplo.

- fino → *ultrafino*
- passar → ....
- violeta → ....
- moderno → ....

b) Escreva uma frase com uma das palavras formadas.

....

....

3 Contorne a palavra "intrusa" em cada quadro e complete a frase com as palavras intrusas.

supersecreto	**supermãe**
super-homem	**supercampeão**

ultramisterioso	**ultra-humano**
ultraleve	**ultramoderno**

Nas palavras .... e .... há o emprego do hífen.

> Nas palavras em que o prefixo **super-** é seguido de **h** ou **r**, usa-se hífen, como em super-herói e super-rápido.
>
> Nas palavras em que o prefixo **ultra-** é seguido de **a** ou **h**, usa-se hífen, como em ultra-absorvente, ultra-humano.

4 Complete as frases com as palavras do quadro.

ultrarrápido **ultrassonografia** **ultrassecreta**

a) Rita escreveu uma mensagem .... para a amiga.

b) O avião é um meio de transporte ....

c) A médica analisou a .... do paciente.

DE OLHO NO DICIONÁRIO

1 Leia o verbete.

> ul.tra.*le*.ve sm.
>
> **1. Aer.** Pequeno avião de material muito leve, com motor de baixa potência, que ger. só tem lugar para o piloto.
>
> a2g.
>
> **2.** Muitíssimo leve (bicicleta **ultraleve**).
>
> [F.: *ultra-* + *leve*.]
>
> **Dicionário Aulete Digital.** Disponível em: <www.aulete.com.br/ultraleve#ixzz3kWYA1oQM>. Acesso em: 29 jan. 2020.

a) Escreva uma frase para cada significado da palavra **ultraleve**.

- significado 1:

  ....

  ....

- significado 2:

  ....

  ....

b) Faça um desenho ou cole uma foto para exemplificar o significado 2 de **ultraleve**.

2 Embora algumas palavras iniciem com **super** ou **ultra**, elas não são formadas pela adição dos prefixos **super-** e **ultra-**. Veja um exemplo.

> su.pe.ra.ção
>
> sf.
>
> **1.** Ação ou resultado de superar(-se).
>
> [Pl.: -ções.]
>
> [F.: Do lat. *superatio, onis.*]
>
> **Dicionário Aulete Digital.** Disponível em: <www.aulete.com.br/supera%C3%A7%C3%A3o>. Acesso em: 29 jan. 2020.

a) Pesquise no dicionário as palavras a seguir e indique se a palavra é formada ou não pela adição de prefixo.

supercílio
☐ formada pela adição do prefixo **super-**
☐ não é formada pela adição do prefixo **super-**

superfino
☐ formada pela adição do prefixo **super-**
☐ não é formada pela adição do prefixo **super-**

ultraje
☐ formada pela adição do prefixo **ultra-**
☐ não é formada pela adição do prefixo **ultra-**

ultrassecreto
☐ formada pela adição do prefixo **ultra-**
☐ não é formada pela adição do prefixo **ultra-**

b) Escolha duas das palavras acima e crie uma frase com cada uma.

....

....

....

9 SINÔNIMOS E ANTÔNIMOS; HOMÔNIMOS E PARÔNIMOS

Leia o texto abaixo e observe as palavras destacadas.

Lucas estava em **primeiro** lugar no **campeonato** de Matemática da escola. Sua colega Raíssa estava em **último** lugar.

Sabendo que Lucas tinha facilidade com os números, Raíssa pediu ajuda, e os dois estudaram juntos para a etapa seguinte da **competição**.

Raíssa não foi melhor do que Lucas, mas na última fase ela esteve entre os dez melhores alunos.

As palavras **primeiro** e **último** têm sentido oposto.

As palavras **campeonato** e **competição** têm sentido semelhante.

Veja outros exemplos:

rápido
- sinônimo → veloz
- antônimo → devagar

feliz
- sinônimo → alegre
- antônimo → infeliz

Lembre-se:

Sinônimos são palavras com significado semelhante.

Antônimos são palavras com significado oposto.

Podemos formar antônimos com os prefixos **im-**, **in-** e **des-**.
Exemplos: possível/impossível; eficaz/ineficaz; feito/desfeito.

Leia as frases e observe as palavras destacadas.

Leve meu casaco, por favor. — verbo

Esta mala está bem **leve**. — adjetivo

As palavras destacadas são chamadas de **homônimas**, pois têm a mesma pronúncia e a mesma grafia, mas sentidos e origens diferentes.

As palavras homônimas também podem ter:

- a mesma pronúncia, mas grafia diferente.

    Você colocou o **acento** na letra **i**? — sinal gráfico

    Este **assento** é preferencial. — lugar de sentar-se

- a mesma grafia, mas pronúncia diferente.

    Você quer **colher** ou garfo? — utensílio

    Maria vai **colher** laranjas. — pegar, apanhar

Agora, leia.

suar — transpirar

soar — emitir som

Palavras que apresentam semelhanças quanto à escrita, embora não tenham nada de semelhante quanto à significação, são **parônimas**.

Atividades

1 Assinale um **X** para indicar se os pares de palavras do quadro abaixo foram formados por antônimos ou sinônimos. Caso tenha alguma dúvida sobre o significado, consulte o dicionário.

Pares de palavras	Antônimos	Sinônimos
olhar/ver		
gostar/detestar		
fazer/desfazer		
modificar/alterar		
comum/raro		
separar/desunir		
culpado/inocente		
prejudicar/ajudar		

2 Escolha dois pares de palavras do quadro acima e escreva duas frases. Em cada frase deve aparecer um par.

....

....

....

....

....

....

3 Complete as frases com as palavras dos quadros a seguir. Se precisar, consulte o dicionário.

| cheque   xeque | cela   sela | cerrar   serrar |

a) O bandido foi preso e conduzido para a ....

b) Durante a tempestade, uma árvore caiu sobre o carro e foi preciso .... o automóvel para retirar parte dela.

c) A loja da esquina não aceita pagamento com cartão de crédito, apenas com dinheiro ou ....

d) Para montar no cavalo, antes é necessário colocar a ....

e) O portão vai .... e, após isso, ninguém mais entrará.

f) Em uma partida de xadrez, Júlia deu um .... em Marcos.

• As palavras de cada dupla nos quadros são chamadas de .... porque têm a mesma ...., mas grafia e significados ....

4 Numere os significados de acordo com a palavra a que eles se referem.

| 1 | fruir | ☐ | transcorrer |
| 2 | fluir | ☐ | desfrutar |

| 1 | comprimento | ☐ | tamanho |
| 2 | cumprimento | ☐ | saudação |

| 1 | ratificar | ☐ | corrigir |
| 2 | retificar | ☐ | confirmar |

| 1 | delatar | ☐ | denunciar |
| 2 | dilatar | ☐ | alargar |

• Em cada quadro, as palavras dos itens 1 e 2 são .... porque têm ...., e .... semelhantes, mas .... diferentes.

5 Pinte os quadros de acordo com o código a seguir.

🖍 palavras homônimas   🖍 palavras parônimas

cavaleiro: aquele que cavalga
cavalheiro: homem gentil

coser: costurar
cozer: cozinhar

chá: bebida
xá: antigo soberano do Irã

imergir: afundar
emergir: vir à tona

6 Leia as dicas e complete a cruzadinha com palavras homônimas.

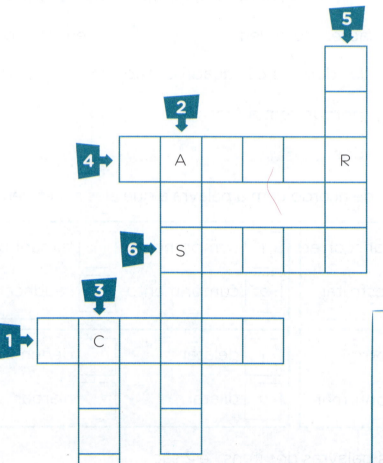

1. sinal gráfico usado sobre vogais
2. banco de ônibus, trem, avião
3. apanhar animal na mata
4. anular mandato
5. animal mamífero, veado
6. criado, serviçal

7 Leia o texto a seguir e complete os espaços com os sinônimos das palavras destacadas. Veja o quadro.

| pintar | caçoar | glacial | realizar | conversar |

Sinônimos são palavras que apresentam sentido semelhante; por exemplo: **executar**/ ...., **zombar**/ ...., **gelado**/ ...., **dialogar**/ .... e **colorir**/ ....

8 Agora, complete os espaços a seguir com os antônimos das palavras destacadas. Veja o quadro.

| cansado | inverno | sair | rápido | vazio | bonito |

Os antônimos são palavras que apresentam significados opostos, como **entrar**/ ...., **verão**/ ...., **devagar**/ ...., **disposto**/ ...., **cheio**/ .... e **feio**/ ....

9 Agora, você vai aprender alguns sinônimos de uma forma muito divertida! Brinque com o **Jogo do mico**, que está no **Caderno de jogos**.

Ortografia: des-, im-, in-

Leia as frases.

Renato ligou a televisão, mas a **desligou** logo depois.

Há alguns livros **impróprios** para crianças. Já os gibis são próprios para pessoas de todas as idades.

Minha irmã não sabia se seu chapéu era adequado ou **inadequado** para a festa.

As palavras **desligou**, **impróprios** e **inadequado** apresentam os prefixos **des-**, **im-** e **in-**. Esses prefixos dão ideia de oposição, negação ou falta/ausência. Veja:

des- + ligou ⟶ desligou

im- + próprios ⟶ impróprios

in- + adequado ⟶ inadequado

1 Separe o prefixo da palavra original. Veja o exemplo.

- inquieto: *in + quieto*
- impossível: ....
- desempregado: ....
- independente: ....
- informal: ....
- destravar: ....
- desajeitado: ....
- imprevisível: ....

2 Use os prefixos **des-**, **in-** ou **im-** para formar novas palavras que indiquem oposição às palavras a seguir.

- fazer → ....
- possível → ....
- compatível → ....
- feliz → ....
- abrigar → ....
- pessoal → ....

3 Acrescente **des-**, **im-** ou **in-** às palavras e escreva o significado da nova palavra formada. Veja o exemplo:

- necessário: *desnecessário – que não é necessário*
- respeitar: ....
- visível: ....
- prender: ....
- constante: ....

4 Procure as palavras a seguir no dicionário e escreva seu significado e uma frase para exemplificá-las.

> seção   sessão

5 Contorne no diagrama palavras que dão ideia de sentido contrário à ideia das palavras do quadro.

> fazer   correto   estabilizar   capaz   possível   coerente

D	E	S	F	A	Z	E	R	M	L	P	O	U	Y	G	F	D	S	X	I	V	B
Q	W	Z	C	V	J	K	I	O	I	M	P	O	S	S	Í	V	E	L	S	F	H
S	D	F	G	E	R	G	D	F	V	B	N	I	N	C	O	E	R	E	N	T	E
A	I	C	D	I	N	C	O	R	R	E	T	O	N	U	J	R	T	X	B	M	D
I	R	U	D	H	J	L	K	V	C	X	A	I	N	C	A	P	A	Z	E	Q	E
U	D	E	S	E	S	T	A	B	I	L	I	Z	A	R	W	F	Y	I	M	K	Z

EXPLORANDO O TEMA...

Combate ao *Aedes aegypti*

Certamente você já ouviu falar do *Aedes aegypti*. Ele é um mosquito transmissor de doenças como a dengue, que pode causar sérias complicações e até levar à morte.

Observe o cartaz divulgado pela Secretaria de Saúde de Veranópolis, município do Rio Grande do Sul, em campanha realizada em 2018.

Para evitar doenças causadas pelo *Aedes aegypti*, a melhor atitude é a prevenção, ou seja, não permitir a reprodução do inseto, que acontece em focos de água parada.

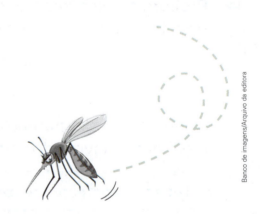

Refletindo sobre o tema

1 Qual é a intenção da Secretaria de Saúde de Veranópolis em divulgar esse cartaz?

2 Você acha que podemos tirar férias dos cuidados com a saúde?

3 Como você já sabe, utilizamos a linguagem verbal e a linguagem não verbal para nos comunicar. Como o cartaz comunica sua mensagem?

76

4 Observe o símbolo vermelho usado no cartaz.

a) O que ele significa?

b) Na sua opinião, por que ele foi usado nessa campanha?

5 Escreva uma palavra oxítona acentuada que aparece no cartaz.

....

6 A palavra **férias** segue a mesma regra de acentuação de:

☐ lápis. ☐ ciências. ☐ pastéis.

7 Escreva a regra de acentuação que você identificou na atividade anterior.

....

8 Escreva as palavras proparoxítonas que aparecem no cartaz.

....

Ampliando e mobilizando ideias

9 Para combater o *Aedes aegypti*, todos devem fazer a sua parte. Que tal criar uma campanha de conscientização na escola sobre a importância de lutar contra a proliferação do mosquito?

- Em grupo, pesquisem em jornais, revistas ou na internet ações para combater a proliferação do *Aedes aegypti*.
- Observem se há locais na escola que possam acumular água e servir de criadouro para o mosquito.
- Produzam cartazes que mostrem à comunidade escolar como eliminar os focos de água parada.
- Utilizem texto escrito, imagens e símbolos nos cartazes.
- Com a orientação do professor, afixem os cartazes em locais visíveis na escola.

PENSAR, REVISAR, REFORÇAR

1 Veja com atenção este cartaz e depois converse com os colegas e o professor sobre ele.

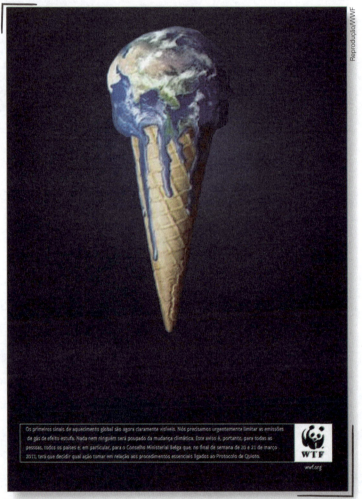

a) Que forma de comunicação foi usada nesse cartaz para transmitir a mensagem principal?

....

b) Você conseguiu compreender a mensagem principal do cartaz, mesmo sem o uso de palavras?

....

....

2 Escreva nas linhas abaixo a mensagem que o cartaz transmite. Use uma palavra com o prefixo **super-**. E não se esqueça de dividir as palavras que não couberem na linha.

....

....

....

....

....

....

3 Leia as palavras do quadro e classifique-as quanto à posição da sílaba tônica.

| sorvete | planeta | Terra |
| casquinha | aquecimento | derreter |

....

....

....

....

....

- Agora, contorne os dígrafos das palavras. **Dica:** Algumas palavras têm mais de um dígrafo.

UNIDADE 2
ORGANIZANDO E CLASSIFICANDO AS PALAVRAS

⋰ Entre nesta roda ⋱

- O que as crianças e os adultos estão fazendo na imagem?
- Você já visitou um lugar como esse? Conte aos colegas como foi.
- Que informação o menino está lendo nas placas?

⋰ Nesta Unidade vamos estudar... ⋱

- Sinais de pontuação
- Tipos de frase
- Artigo
- Substantivo: comum, próprio, coletivo, simples, composto, primitivo, derivado, concreto, abstrato
- Substantivo: gênero, número e grau
- Preposição e locução prepositiva
- Crase

10 SINAIS DE PONTUAÇÃO I TIPOS DE FRASE

Leia o texto a seguir.

Quais são os animais mais caros para se manter num zoológico?

O custo dos animais varia muito de acordo com a localização e a infraestrutura do zoológico, então não existe um bicho mais caro. Por exemplo, manter animais acostumados ao frio em regiões quentes gera gastos expressivos: é muito mais caro ter um urso-polar na América Central do que no extremo norte do planeta. A alimentação é outro fator que pesa nos gastos de um zoológico, porque não depende apenas da quantidade que o animal consome, mas da dificuldade de acesso à sua comida. Assim, um zoológico que precisa importar determinado alimento pode gastar mais com um animal de pequeno porte do que com um elefante. Além desses gastos, há ainda os esforços para a preservação de espécies que demandam altos investimentos em pesquisa genética, algo indispensável para grandes zoológicos.

[...]

Infraestrutura: toda a base indispensável à manutenção ou ao funcionamento de uma estrutura.
Genética: ramo da Biologia que estuda os fenômenos da hereditariedade nos seres vivos.

Os segredos dos animais. São Paulo: Abril, 2017. Coleção Mundo Estranho! por dentro das coisas. p. 112.

Você já aprendeu que **frase** é um conjunto organizado de palavras que apresenta sentido completo e que os **sinais de pontuação** são usados na escrita para orientar a leitura.

Veja alguns tipos de frase e os sinais de pontuação que são usados ao final delas.

Ponto final .

- Usado no final de frases declarativas.

> O custo dos animais varia muito de acordo com a localização e a infraestrutura do zoológico, então não existe um bicho mais caro.

Ponto de interrogação ?

- É usado no fim de uma pergunta direta.

> Quais são os animais mais caros para se manter num zoológico?

Ponto de exclamação !

- Usado para expressar sentimentos ou emoções.

> Como é caro o custo de animais!

Observe a seguir os tipos de frase e exemplos.

Declarativa afirmativa: Eu tenho um animal de estimação.

Declarativa negativa (nas frases negativas, geralmente aparece a palavra "não"): Vinícius não foi à aula.

Interrogativa: Você também tem um animal de estimação?

Exclamativa: Ganhei um cãozinho!

Imperativa: Conte para ele o que está acontecendo.

Atividades

1 Coloque a pontuação adequada no final das frases do texto a seguir.

Explorações

Faça de conta que você viveu há milhares de anos☐ Naquela época as coisas eram muito diferentes☐ Não havia TV, nem computador, nem carro☐ Você vivia numa pequena aldeia e não podia viajar a lugares muito distantes, pois tinha de se deslocar a pé☐ Quando olhava para a principal estrada de terra de sua aldeia, tudo parecia plano☐ Portanto, provavelmente, você achava que a Terra também fosse plana☐

Mas olha a grande novidade: ela não é!

Como é que foi, então, que se descobriu a verdade?

O primeiro foi Aristóteles...

Aristóteles foi um filósofo grego (um filósofo tenta achar respostas para as questões difíceis relativas à vida) que viveu no século IV a.C. Quando estudava a Lua, houve um **eclipse lunar** — quando a Terra se coloca entre o Sol e a Lua, bloqueando os raios solares que iluminam a Lua☐ A sombra da Terra que ele viu na Lua era redonda☐ Como Aristóteles era um sujeito esperto, sabia que só um objeto redondo podia projetar uma sombra redonda☐

Então... a Terra é redonda, não plana☐

[...]

● Fases de um eclipse lunar observadas no Bahrein, na Ásia. Foto de 2011.

Mundo: Uma introdução para crianças, de Heather Alexander. Tradução: Luciano Vieira Machado. São Paulo: Panda Books, 2013. p. 14.

2 As frases do texto que você pontuou são:

☐ interrogativas.   ☐ exclamativas.   ☐ declarativas.

3 Copie do texto uma frase interrogativa.

....

....

....

4 Imagine-se em uma das situações a seguir. Escreva uma frase que você diria em cada uma delas. Não se esqueça de usar a pontuação de acordo com a entonação adequada.

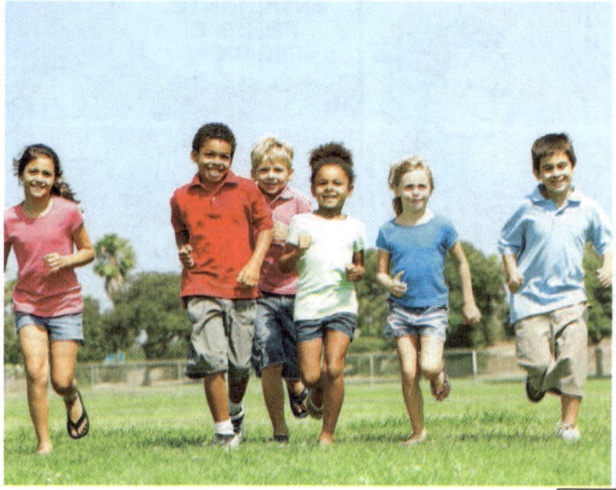

Monkey Business Images/Shutterstock

....

....

....

....

....

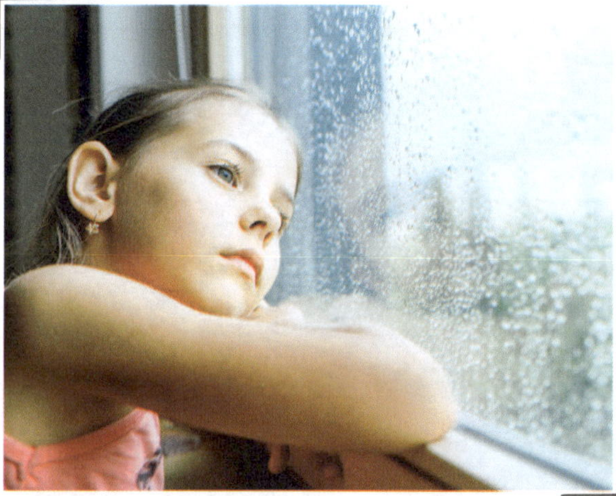

Soloviova Liudmyla/Shutterstock

....

....

....

....

....

- Que sinais de pontuação você usou nas frases que escreveu?

....

....

5 Leia a história em quadrinhos a seguir e responda às perguntas.

Garfield e seus amigos: quadrinhos clássicos de Jim Davis.
Rio de Janeiro: Ediouro, 2015. p. 14.

a) Que sinais de pontuação foram usados nos textos dos balões?

....

....

....

b) A vírgula no quarto quadrinho serve para:

☐ indicar enumeração.

☐ indicar chamamento.

☐ indicar pequena pausa.

☐ separar uma explicação.

6 Leia este diálogo.

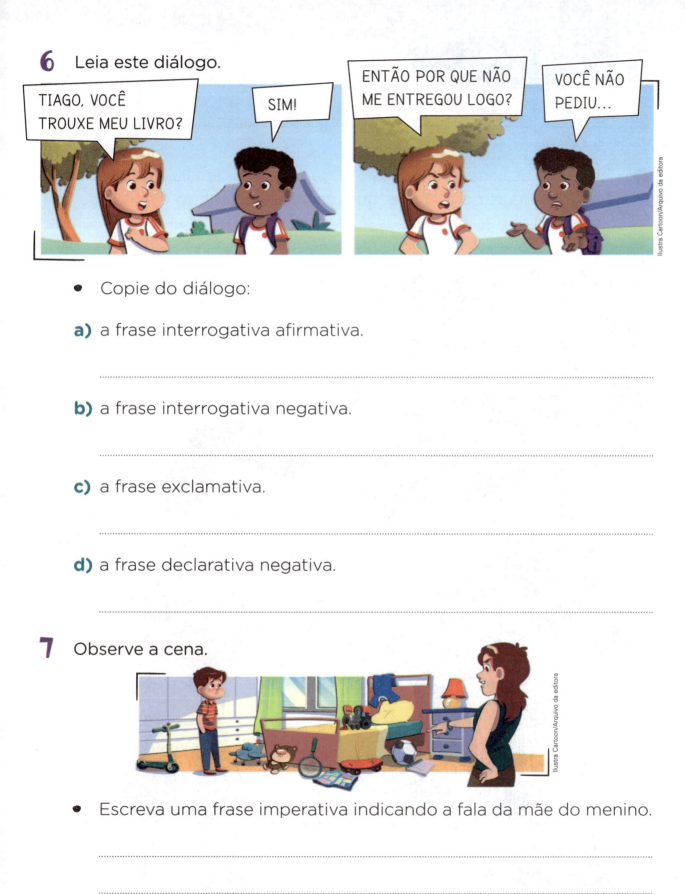

- Copie do diálogo:

a) a frase interrogativa afirmativa.

_____

b) a frase interrogativa negativa.

_____

c) a frase exclamativa.

_____

d) a frase declarativa negativa.

_____

7 Observe a cena.

- Escreva uma frase imperativa indicando a fala da mãe do menino.

_____

_____

 • Que sinais de pontuação você utilizou?

NO DIA A DIA

Os sinais de pontuação são muito importantes, pois ajudam a dar sentido ao texto.

Observe nas cenas a seguir que alguns balões de fala estão sem pontuação. Coloque as pontuações que mais façam sentido e converse com os colegas e o professor sobre as diferentes interpretações que podem ter.

Ortografia — s, ss, c e ç; sc, sç e xc

1 Contorne as palavras do texto em que **c**, **ç**, **s** e **ss** representam o som **sê**.

Evaporação e condensação

A água pode mudar de um estado físico para outro – do sólido para o líquido, dele para o gasoso, e retornar todo o processo. Provavelmente você já sabe que denominamos de congelamento a mudança do estado físico líquido para o sólido – é o que acontece quando você coloca água numa forma de gelo para congelar.

Quando a água muda do estado líquido para o gasoso, o processo é chamado de **evaporação**. Quando ela muda do estado gasoso para o líquido, **condensação**.

Quando você põe água para ferver numa panela, a água esquenta e se torna vapor. Isso é evaporação.

[...]

Meio ambiente: uma introdução para crianças: o ar, a terra e o mar à nossa volta – e também experiências, projetos e atividades para ajudar o planeta!, de Michael Driscoll e Dennis Driscoll. Tradução Luciano Vieira Machado. São Paulo: Panda Books, 2010. p. 11.

2 Agora escreva na coluna adequada as palavras que você contornou no texto, conforme a letra que representa o som **sê**.

Dica: A mesma palavra pode aparecer em mais de uma coluna.

s	ss	c	ç

- Escreva mais três palavras na coluna das palavras com **ss**.

3 A letra **ç** e os dígrafos **ss, sc, sç** e **xc** representam sempre o som **sê**. Complete, nas frases, as palavras com **sc, sç** ou **xc**.

a) Consegui juntar sei................entos reais!

b) Que o bebê na................a com muita saúde.

c) Rena................er é o mesmo que na................er de novo!

d) Mateus e................edeu todos os limites e venceu a prova de ciclismo.

e) Com e................eção da professora, todos saíram da sala de aula.

f) De................a da escada com cuidado.

4 Localize em um dicionário os significados da palavra **excepcional** e escreva qual dos significados pode substituir essa palavra na fala do avô.

A MINHA MEMÓRIA É EXCEPCIONAL!

....

- Reescreva a frase do avô usando o significado que você indicou.

....

....

11 SINAIS DE PONTUAÇÃO II

Leia o seguinte trecho do livro **O Pequeno Príncipe** e observe os sinais de pontuação.

[...]

Precisei de muito tempo para compreender de onde ele vinha. O pequeno príncipe, que me fazia tantas perguntas, parecia nunca ouvir as minhas. E somente por palavras pronunciadas ao acaso que pude, pouco a pouco, inteirar-me de tudo. Assim, quando ele viu pela primeira vez o meu avião (eu não desenharei meu avião porque é um desenho muito complicado para mim), me perguntou:

— O que é esta coisa?

— Não é uma coisa. Isto voa. É um avião. É o meu avião.

Eu fiquei orgulhoso de lhe informar que eu podia voar. Então ele exclamou:

— Como? Você caiu do céu?

— Sim — Eu disse modestamente.

— Ah! Que engraçado!

E o pequeno príncipe teve um acesso de riso que me irritou muito. Eu desejo que levem a sério as minhas desgraças.

[...]

O Pequeno Príncipe, de Antoine de Saint-Exupéry. Tradução: Laura Sandroni. São Paulo: Global, 2017. p. 17-18.

Veja as funções que alguns sinais de pontuação podem desempenhar.

Dois-pontos :

- Indicam uma fala ou citação.
- Introduzem uma enumeração de elementos ou uma explicação.

"Então ele exclamou:
— Como? Você caiu do céu?"

Estas são minhas cores preferidas: amarelo, vermelho e azul.

Travessão —

- Inicia fala de personagens em um diálogo.
- Introduz uma explicação do narrador depois de uma fala.

"— Então você vem de outro planeta?"

"— Sim — Eu disse modestamente."

Reticências ...

- Indicam uma interrupção da fala ou do pensamento.

Chegando tão rápido ele não deve ter vindo de muito longe...

Parênteses ( )

- Separam palavras ou frases para dar explicação ou chamar a atenção.

Quando encontrei Téo (ele era meu professor), fiquei muito feliz!

Aspas " "

- Destacam uma citação.
- Destacam palavras do texto.

Entendi o ditado "Quando um não quer, dois não brigam".

O filho levou um "não" do pai.

Vírgula ,

- Indica pequena pausa na leitura.
- Separa palavras ou expressões em enumerações e chamamentos.
- Nas datas, separa o nome do lugar do dia do mês.
- Nos endereços, separa o nome da rua do número da casa e de outras indicações.

"O pequeno príncipe, que me fazia tantas perguntas, parecia nunca ouvir as minhas."

Caio, vamos à papelaria comprar: borracha, caneta, lápis e tinta.

Rio de Janeiro, 12 de fevereiro de 2020.

Ana mora na rua das Flores, 106, 3º andar, apartamento 304.

Ponto e vírgula ;

- Indica uma pausa maior do que a vírgula.

Ela só ficou me olhando por um tempo; depois, virou de costas e sorriu.

Atividades

1 Releia o trecho a seguir e explique por que foram usados os sinais de pontuação destacados em amarelo.

Aristóteles foi um filósofo grego (um filósofo tenta achar respostas para as questões difíceis relativas à vida) que viveu no século IV a.C. Quando estudava a Lua, houve um eclipse lunar — quando a Terra se coloca entre o Sol e a Lua, bloqueando os raios solares que iluminam a Lua. A sombra da Terra que ele viu na Lua era redonda. Como Aristóteles era um sujeito esperto, sabia que só um objeto redondo podia projetar uma sombra redonda.

Então... a Terra é redonda, não plana.

Mundo: Uma introdução para crianças, de Heather Alexander. Tradução: Luciano Vieira Machado. São Paulo: Panda Books, 2013. p. 14.

....
....
....
....
....
....

2 No relato a seguir faltam alguns sinais de pontuação. Coloque-os.

É dia de prova ☐ Correria ☐ medo ☐ ansiedade ☐ unhas roídas e a tampa da caneta mordida ☐ Clássico dia de prova ☐

Chegando à escola ☐ morrendo de medo ☐ dou tchau para a mãe e para o pai e entro na escola. Lá vem a mais clássica das perguntas:

☐ Estudou para a prova ☐

É ☐ hoje é um clássico dia de prova ☐

Gustavo Gomes, colunista da "Folhinha". **Folha de S.Paulo,** 17 out. 2015. Disponível em: <www1.folha.uol.com.br/folhinha/2015/10/1694742-voce-mordia-a-tampa-da-caneta-em-dia-de-prova-leia-coluna-de-gustavo-11.shtml>. Acesso em: 2 fev. 2020.

3 Leia um texto sobre futebol feminino.

• Disputa de futebol feminino entre Brasil e Suécia que ocorreu no Rio de Janeiro, em 10 de julho de 2018, no estádio Maracanã.

Até uns vinte anos atrás, o futebol feminino era visto apenas como curiosidade, não como esporte. **Mas as mulheres não desistiram** e, em 1970, conseguiram até organizar uma Copa do Mundo, disputada na Itália, com vitória da Dinamarca. No ano seguinte, a FIFA, que até então se recusara a interessar-se pelo futebol feminino, fez uma pesquisa e descobriu que ele era praticado em 22 países das federações filiadas à entidade. Isso fez com que, em 1972, o presidente Stanley Rous recomendasse a regulamentação do futebol das mulheres. [...]

Manual do Zé Carioca, da Abril Comunicações. São Paulo: Abril, 2018. p. 179.

• Copie as frases destacadas e indique de que tipo elas são.

4 Use estes sinais de pontuação para completar o texto abaixo.

> : — ... , ! ?

Minha mãe decidiu que antes de ir para Angola faríamos uma viagem de férias por alguns outros países africanos. Ela me mostrou um mapa e eu comentei☐ surpresa☐

☐Puxa, não imaginava que o continente africano tinha 54 países☐

☐Começaremos a viagem visitando o Egito☐

☐Esse é aquele Egito das pirâmides e das múmias dos filmes☐ Ele fica na África☐

Minha mãe fez aquela cara de dona Márcia e eu logo entendi que era nossa visão errada da África☐

☐Do Egito☐ nós iremos para o Quênia.

Desse país eu nunca tinha ouvido falar. Mas minha mãe não quis adiantar nada para não estragar a surpresa.

A despedida mais difícil foi com a minha avó. Na verdade☐ não foi uma despedida☐ mas várias☐ com direito a almoços especiais e muito choro☐

[...]

Bia na África, de Ricardo Dreguer. São Paulo: Moderna, 2016. p. 14-15.

5 Leia o trecho a seguir e explique por que foram usadas as aspas.

[...]

Santos Dumont faz história na Cidade Luz, então capital cultural e tecnológica do mundo moderno. Ele não acredita na palavra "impossível" e desafia os grandes mestres do balonismo.

[...]

Mais leve que o ar, de Estêvão Ciavatta. São Paulo: Matrix, 2019. p. 47.

Cidade Luz: Paris, na França.
Balonismo: prática esportiva de voar em balão.

6 Leia esta HQ do Menino Maluquinho.

Maluquinho de família, de Ziraldo. São Paulo: Globo, 2013. p. 56.

- No caderno, reescreva as falas dos personagens usando o travessão para introduzi-las.

Na escrita, para indicar a fala de um personagem, usamos o travessão. Nas histórias em quadrinhos, em vez do travessão, são usados balões de fala. A ponta do balão indica de quem é a fala.

Ortografia — menos

1 Observe as imagens e leia as frases.

A cesta tem **menos** maçãs do que laranjas.

O grupo tem **menos** meninos do que meninas.

- Compare.

| menos maçãs | menos meninos |

A palavra **menos** é invariável, ou seja, nunca muda, independentemente do gênero e número da palavra que acompanha.

2 Complete as frases com a palavra **menos**. Depois, leia-as em voz alta.

a) Quero .... conversa na sala!

b) Coloque .... água no arroz.

c) Use .... tempero na comida.

d) A sala do 3º ano tem .... alunos do que a do 5º ano.

e) Fizemos a última corrida em quatro horas. Esperamos fazer a próxima em .... horas.

12 ARTIGO

Leia parte do texto **Roupa pra quê?** e observe as palavras destacadas.

Você sabia que, além de nos proteger das variações de temperatura, **a** roupa serve também para comunicar ao mundo **a** maneira como gostaríamos de ser vistos? O que está por trás da escolha de **um** pijama com **a** estampa de **um** unicórnio, **uma** camiseta com **o** símbolo de **uma** banda de rock, **um** boné com **uma** frase engraçada ou **um** moletom com **a** cara de **uma** super-heroína?

[...]

Alinhavos: o futuro do planeta está no seu guarda-roupa, de Alessandra Ponce Rocha. São Paulo: Panda Books, 2019. p. 8.

Artigo é a palavra que acompanha o substantivo, determinando-o de modo preciso ou vago, indicando gênero e número.

As palavras destacadas no texto são **artigos**.

Os artigos podem ser **definidos** ou **indefinidos**.

O **artigo definido** indica o substantivo de modo preciso, definido.
São eles: **o, a, os, as**.
O **artigo indefinido** indica o substantivo de modo vago, generalizado.
São eles: **um, uma, uns, umas**.

Atividades

1 Leia mais um trecho do texto **Roupa pra quê?** e complete os espaços com artigos definidos ou indefinidos.

[...] Quando torcemos para .... time, usamos .... camisa, ... calção, ... meião, ... boné e, se fizer .... friozinho, ... cachecol com .... escudo dele. Saímos até enrolados na bandeira. Tudo porque nos identificamos com aquela instituição e porque queremos ser aceitos em .... determinada tribo. É por isso que tem gente que fala que "somos o que vestimos".
[...]

Alinhavos: o futuro do planeta está no seu guarda-roupa, de Alessandra Ponce Rocha. São Paulo: Panda Books, 2019. p. 8.

2 Marque um **X** na alternativa que explica melhor o sentido desta frase.

> **Um** fã foi sorteado após o *show* para conhecer seu ídolo.

☐ Só havia um fã no *show* e ele foi sorteado.

☐ Havia vários fãs no *show* e um deles foi sorteado.

3 Leia as frases e complete-as com os artigos definidos adequados.

a) .... artista acabou de se apresentar. Ela foi muito aplaudida.

b) .... dentista da clínica é muito atencioso.

c) .... jornalistas que escreveram os últimos artigos foram muito elogiadas.

d) .... pacientes ficaram muito irritados com a demora.

4 Reescreva as frases substituindo os artigos definidos destacados por indefinidos.

a) **O** jovem ajudou **a** senhora que havia caído a se levantar.

....

....

b) **Os** cachorros subiram **a** rua, e **os** gatos saíram correndo.

....

....

c) **As** crianças e **os** pais organizaram **a** festa junina.

....

....

5 Leia as frases e, com uma seta, ligue os artigos aos substantivos a que eles se referem. **Dica:** O artigo vem antes do substantivo, próximo ou afastado dele.

a) Juntei umas quarenta figurinhas.

b) Os meus carrinhos já estão guardados nas caixas.

c) Bruno colocou as medalhas que conquistou na estante da sala.

d) Um pássaro pousou na janela do meu apartamento.

6 Observe a imagem e escreva uma frase sobre ela usando artigos definidos e indefinidos.

....

....

....

....

DE OLHO NO DICIONÁRIO

1 O gênero do artigo pode mudar o sentido do substantivo que ele acompanha. Leia o verbete a seguir.

> **cabeça** (ca.be.ça) (ê) *s.f.* **1.** Parte superior do corpo dos animais bípedes e parte da frente do corpo de outros animais na qual se encontram cérebro, face, olhos, nariz, ouvidos e boca; **2.** a parte do crânio coberta de cabelos; **3.** *por ext* ponta superior de um objeto, topo (*A cabeça do prego estava enferrujada.*); **4.** *fig* inteligência, memória, juízo (*Ele não tem cabeça, está sempre metido em confusão.*); *sm sobrecomum* **5.** guia, líder (*Caio é o cabeça da turma, é sempre ele que decide o que fazer.*).
>
> **Saraiva Júnior**: dicionário da língua portuguesa ilustrado. São Paulo: Saraiva, 2011. p. 38.

- Agora, copie a definição que corresponde ao sentido da palavra **cabeça** nas frases abaixo.

a) Eduardo é **o cabeça** da equipe.

....

b) João machucou **a cabeça**.

....

....

....

c) **A cabeça** desse prego é redonda.

....

....

d) Renato tem **uma cabeça** incrível! Ele acerta tudo na prova de Matemática!

....

2 Pesquise no dicionário e escreva o significado das palavras abaixo. Atenção ao artigo que as acompanha. Depois, escreva frases usando cada palavra.

- o caixa: ....

- a caixa: ....

- o grama: ....

- a grama: ....

- o capital: ....

- a capital: ....

Ortografia r, rr

1 Leia os trava-línguas a seguir.

Três pratos de trigo para três tigres tristes.

O rato roeu a roupa do rei de Roma.

A rainha, com raiva, foi consertar.

Uma aranha dentro da jarra.

Nem a jarra arranha a aranha

Nem a aranha arranha a jarra.

Trava-línguas populares.

a) Copie, dos trava-línguas, palavras com:

- **r** entre vogais: _____
- **r** em final de sílaba: _____
- **rr**: _____
- **consoante + r**: _____
- **r** em início de palavra: _____

b) Complete as informações.

- As palavras **aranha** e **para** têm **r** entre vogais. Logo, essa letra representa som _____.
- Na palavra **jarra** (ou em **arranha**), dobra-se o **r** para representar som _____.
- A letra **r** em início de palavra, como em **rato**, também representa som _____.

2 Leia o poema a seguir e observe as palavras destacadas.

A invenção da meia

Primeiro

fizeram

inteira.

Quando

viram

que **eram**

dois pés,

dividiram:

meia a meia.

É tudo invenção, de Ricardo Silvestrin. São Paulo: Ática, 2008.

- Complete.

  Nas palavras destacadas, a letra **r** aparece entre ....

  Por isso, essa letra representa som ....

3 Complete a cruzadinha com as palavras do quadro.

4 letras
remo
trio

5 letras
corpo
troco

6 letras
buraco
tarefa

8 letras
borracha
caramelo

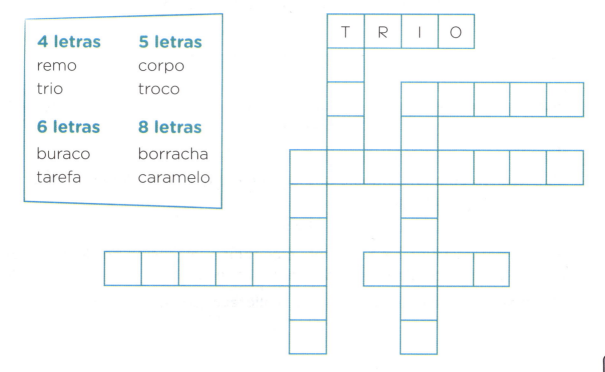

13 SUBSTANTIVO COMUM, PRÓPRIO E COLETIVO

Leia o seguinte texto.

O poder da roupa

Ao longo da história, as sociedades usaram diferentes modelos e tecidos para diferenciar classes sociais. Em geral, as **roupas** dos nobres eram feitas com materiais importados e tinham mais detalhes. As altas camadas da Roma Antiga usavam seda chinesa e a realeza europeia trajava **vestidos** com **bordados** complexos. Enquanto isso, as camadas populares tinham roupas simples, feitas com tecidos locais e sem muitos adornos ou **cores**. Algumas, inclusive, não podiam ser usadas pelas pessoas comuns: em **Roma**, por exemplo, apenas **senadores** tinham roupas roxas e, na **China**, somente o imperador podia usar amarelo.

Alinhavos: o futuro do planeta está no seu guarda-roupa, de Alessandra Ponce Rocha. São Paulo: Panda Books, 2019. p. 9.

No texto foram destacados alguns **substantivos**.

Substantivos são palavras que dão nome aos elementos.

Os substantivos podem ser **próprios**, **comuns** e **coletivos**.

Substantivo próprio é aquele que dá nome a determinado elemento de uma espécie, particularizando-o. Escreve-se com letra inicial maiúscula.

Exemplos: **Roma**, **China**.

Substantivo comum é aquele que dá nome a qualquer elemento de uma espécie. É escrito com letra minúscula.

Exemplos: **roupas**, **vestidos**.

Substantivo coletivo é o substantivo comum que, mesmo no singular, designa um conjunto de elementos da mesma espécie.

Exemplos: **família** (vários parentes), **biblioteca** (conjunto de livros).

Conheça alguns substantivos coletivos.

\	Substantivos coletivos		
álbum	fotos, figurinhas, selos	flora	plantas de uma região
alcateia	lobos	frota	veículos de uma mesma empresa ou pessoa
alfabeto	letras	manada	elefantes, bois, cavalos, búfalos
arquipélago	ilhas	matilha	cães
atlas	mapas	molho	chaves
banda	músicos	multidão	pessoas
batalhão	soldados	nuvem	gafanhotos, insetos
biblioteca	livros	pelotão	soldados
boiada	bois	penca	bananas
bosque	árvores	pinacoteca	quadros
cardume	peixes	ramalhete	flores
cordilheira	montanhas	rebanho	carneiros
constelação	estrelas	réstia	alhos, cebolas
elenco	artistas	revoada	pássaros
enxame	abelhas	time	jogadores
esquadra	navios	tropa	soldados, burros, cavalos
esquadrilha	aviões	turma	estudantes, operários
fauna	animais de uma região	vara	porcos

1 Você conhece o adugo? Sabe como se brinca? Leia o texto abaixo.

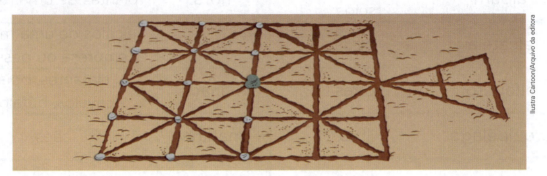

Adugo: o jogo da onça

Conhecido também como "Jogo da onça", o **Adugo** (que significa "onça", na língua dos Bororos, povo indígena da região do Mato Grosso) é um jogo criado por essa etnia indígena brasileira.

O **Adugo** costuma ser jogado no chão, com o tabuleiro traçado na terra ou na areia, usando pedras como peças. Uma peça diferente representa a onça e 14 outras peças, iguais entre si, representam os cachorros.

É um jogo de estratégia para 2 jogadores, no qual um deles joga com a onça com o objetivo de capturar as peças do adversário. A captura é feita de modo similar ao jogo de Damas. O jogador com os cachorros tem como objetivo encurralar a onça e deixá-la sem movimentação possível.

O livro dos jogos das crianças indígenas e africanas, de Carlos Seabra. Itapira, SP: Estrela Cultural, 2019. p. 7.

a) Copie do texto o substantivo próprio que dá nome:

- a um jogo indígena: ....
- a uma região brasileira: ....
- a um povo indígena: ....

b) Copie do texto os substantivos coletivos que dão nome a um conjunto de pessoas que falam a mesma língua, têm hábitos e costumes idênticos.

2 Leia estas frases.

> Os jogadores iniciam a partida.

> Eles alternam as jogadas, movendo suas peças.

a) Escreva quais são os substantivos.

....

b) Na segunda frase, aparece o pronome pessoal **eles**. A qual substantivo esse pronome se refere?

....

3 Escreva a qual substantivo se referem as palavras destacadas.

a) Veja como o pássaro canta no jardim! Não **o** prenda na gaiola!

....

b) Tiago tem duas irmãs. **Ele** disse que **elas** são gêmeas!

....

4 Complete as frases com os substantivos coletivos do quadro. Em seguida, escreva o substantivo a que eles se referem. Veja o exemplo.

| ~~cordilheira~~ ramalhete penca elenco cardume |

a) A <u>cordilheira</u> dos Andes fica na América do Sul.

<u>cordilheira: coletivo de montanhas</u>

b) O .... gravou ontem as últimas cenas da novela.

....

c) O .... e a .... estão sobre a mesa.

....

Ortografia → h

1 Leia o poema e observe as palavras destacadas.

Maluquices do H

O **H** é letra incrível,
muda tudo de repente.
Onde ele se intromete,
tudo fica diferente...
Se você vem para **cá**,
vamos juntos tomar **chá**.
Se o **sono** aparece,
vem um **sonho** e se adormece.
Se sai **galo** do poleiro,
pousa no **galho** ligeiro.
Se a **velha** quiser ler,
vai a **vela** acender.
Se na **fila** está a avó,
vira **filha**, veja só!

Se da **bolha** ele escapar,
uma **bola** vai virar.
Se o **bicho** perde o **H**,
com um **bico** vai ficar.
Hoje com **H** se **fala**
sem **H** é uma **falha**.
Hora escrita sem **H**,
ora bolas vai virar.
O **H** é letra incrível,
muda tudo de repente.
Onde ele se intromete,
tudo fica diferente...

Mais respeito, eu sou criança!,
de Pedro Bandeira.
São Paulo: Moderna, 2018.

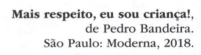

a) Copie do texto duas palavras escritas com a letra **h**.

b) Agora, repare nestas palavras que são iniciadas com **h**: **hora** e **hoje**. Nelas, a letra **h** é pronunciada?

2 Releia os versos a seguir. Depois, faça o que se pede.

"**Hora** escrita sem **H**,

ora bolas vai virar."

- As palavras **hora** e **ora** apresentam:

  ☐ pronúncia, grafia e significado diferentes.

  ☐ pronúncia, grafia e significado iguais.

  ☐ mesma pronúncia, mas grafia e significado diferentes.

3 Responda às adivinhas a seguir. **Dica:** Todas as palavras das respostas iniciam pela letra **h**.

a) O dia que vem antes de amanhã: ....

b) Meio de transporte aéreo: ....

c) Posição de quem está deitado: ....

d) Personagem que luta pelo bem de todos e enfrenta os vilões em filmes e livros: ....

e) Morador de um lugar: ....

4 Leia o significado destas palavras.

> **houve**: aconteceu, ocorreu
> **ouve**: escuta

- Agora, complete as frases com as palavras acima.

a) Veja quantos pássaros lá fora! Você .... o canto deles?

b) Durante o mês de julho, não .... sequer um dia com chuva.

c) Não sei o que .... com o meu computador, mas ele não está mais funcionando.

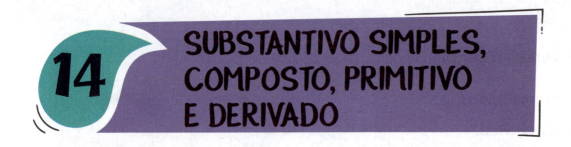

14 SUBSTANTIVO SIMPLES, COMPOSTO, PRIMITIVO E DERIVADO

Os substantivos podem ser classificados em simples e compostos.

flor → **substantivo simples** → formado por uma palavra

flor-de-lis → **substantivo composto** → formado por duas ou mais palavras, ligadas ou não por hífen

Os **substantivos simples** são formados por uma só palavra. Exemplo: guarda.

Os **substantivos compostos** são formados por duas ou mais palavras. Exemplo: guarda-chuva.

As palavras que formam os substantivos compostos podem ser ligadas por hífen (-) ou não. Veja alguns exemplos:

- com hífen: estrela-do-mar, vira-lata, mico-leão-dourado, amor-perfeito;
- sem hífen: passatempo, planalto, fotografia, malmequer.

Conheça alguns substantivos compostos.

couve-flor   bem-te-vi   beija-flor   vira-lata

girassol   pontapé   boas-vindas   erva-doce

Os substantivos também podem ser classificados em primitivos e derivados.

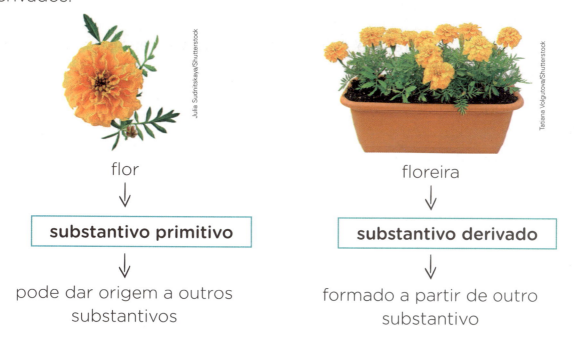

flor → **substantivo primitivo** → pode dar origem a outros substantivos

floreira → **substantivo derivado** → formado a partir de outro substantivo

Chama-se **substantivo primitivo** aquele que não se originou de outra palavra. Exemplo: livro.

Chama-se **substantivo derivado** aquele que se originou de outra palavra. Exemplo: livraria.

Agora, conheça alguns substantivos primitivos e derivados.

Substantivo primitivo	Substantivo derivado
terra	terreno
livro	livraria
pedra	pedraria
fogo	fogaréu
papel	papelaria
avião	aviador
ferro	ferreiro

Atividades

1 Relacione as palavras da coluna da esquerda a seus significados na coluna da direita.

1	tique-taque		Cachorro sem raça definida.
2	estrela-do-mar		Conversa informal, descontraída.
3	arranha-céu		Som cadenciado e repetitivo.
4	vira-lata		Prédio muito alto, com vários andares.
5	bate-papo		Animal marinho com formato de estrela.

- Agora, escolha três entre as palavras acima e crie uma frase em que todas apareçam.

....

....

....

....

2 Leia o texto e contorne os substantivos compostos.

A batata-doce é também conhecida como batata-da-terra, batata-da-ilha, jatica e jetica.

Ela possui diversas variedades e é muito usada na alimentação.

- Agora, complete.

Esses substantivos compostos são formados por ....

ou mais palavras unidas por ....

3 A semana é composta de sete dias. Deles, cinco são substantivos compostos unidos por hífen. Quais são eles?

....

....

4 Encontre e contorne, nas frases, substantivos compostos sem hífen.

a) A flor preferida de Luísa é o girassol!

b) Em dias de chuva, ir ao cinema é um ótimo passatempo.

c) Esta sobremesa é de morango.

d) Pedro fez um autorretrato na aula de Arte.

5 Complete as frases com substantivos derivados das palavras destacadas. Veja o exemplo.

a) Joana é **delicada**. Ela tem _delicadeza_.

b) Eu estou **curioso**. Eu sinto ....

c) Luís é **leal** com seus amigos. Ele tem ....

d) O bebê é **feliz**. Ele sente ....

e) Vovô é muito **sábio**. Ele tem ....

6 Junte as palavras abaixo e forme substantivos compostos com hífen.

guarda	carro	estar	íris
bem	para	cachorro	chefe
raios	arco	roupa	quente

7 Complete o quadro com substantivos primitivos ou derivados.

Primitivo	Derivado
	goiabeira
fogo	
flor	
	pedreira
	chuvarada
dente	
fazenda	
	bolada

8 Escreva uma frase com o substantivo **esporte**. Depois, escreva outra frase com um derivado desse substantivo.

Ortografia lh, li

1 Leia o texto a seguir.

Os **melhores** horários para observar aves são no começo da manhã e no finzinho da tarde, que é quando elas estão mais ativas. [...]

O que você talvez não saiba é que apenas no Brasil existem quase duas mil espécies de aves. São mais de vinte tipos de pombas diferentes, quase cinquenta espécies de gaviões e só a **família** dos beija-flores conta com cerca de oitenta espécies. É muita ave no céu para observar! [...]

Ciência Hoje das Crianças, ano 28, n. 266. Rio de Janeiro, SBPC, abr. 2015.

- Agora, leia em voz alta estas palavras do texto e complete a frase com elas.

| família | melhores |

O som de **lh** em _____ é parecido com o som de **li** em _____.

2 Complete as palavras com **lh** ou **li**.

- cabeça_____o
- conse_____o
- auxí_____o
- mobí_____a

- sandá_____a
- mura_____a
- pedregu_____o
- utensí_____o

3 Complete a cruzadinha com as respostas das adivinhas.

1. O mesmo que ajudar. A palavra tem **li**.
2. Pedaço de tecido cortado. A palavra tem **lh**.
3. Personagem que faz rir, geralmente em espetáculos de circo. A palavra tem **lh**.
4. Pelos da borda das pálpebras. A palavra tem **li**.
5. Talher usado para tomar sopa e comer sobremesa. A palavra tem **lh**.
6. Calçado preso ao pé com tiras. A palavra tem **li**.
7. Órgão do sentido da visão. A palavra tem **lh**.
8. Aquele que é muito rico, que possui milhões. A palavra tem **li**.
9. Inseto que produz mel. A palavra tem **lh**.
10. O mesmo que fazer as pazes, harmonizar, estabelecer a paz. A palavra tem **li**.

15 SUBSTANTIVO CONCRETO E ABSTRATO

Leia estas estrofes e observe os substantivos destacados em cada verso.

> Um **bicho** pra ser feliz
>
> Não quer nem **farra** nem **festa**.
>
> Quer viver em **liberdade**
>
> Quer ter **casa** na **floresta**.
>
> [...]
>
> Na **casa** onde mora o **livro**
>
> Encontra a **luz** quem procura.
>
> Quanta **ideia**, que **cultura**
>
> Tem no **mundo** da leitura!
>
> **O livro das casas**, de Ricardo Azevedo.
> São Paulo: Moderna, 2015.

Os substantivos podem ser **concretos** ou **abstratos**.

Substantivo concreto é aquele que dá nome a elementos de existência própria, reais ou imaginários. Por exemplo: bicho, festa, casa, floresta, livro, luz e mundo.

Substantivo abstrato é aquele que dá nome a estados, qualidades, sentimentos ou ações. Em todos esses casos, depende sempre de outro elemento para se manifestar. Por exemplo: farra, liberdade, ideia e cultura.

Atividades

1 Escreva substantivos derivados dos adjetivos a seguir. Veja o exemplo.

- falso: *falsidade*
- puro: ....
- belo: ....
- triste: ....
- nobre: ....
- cruel: ....

a) Esses substantivos representam qualidades e estados. Portanto, são denominados ....

b) No caderno, crie uma frase com um dos substantivos abstratos acima.

2 Os substantivos abstratos também podem ser derivados de verbos. Veja o modelo e faça o mesmo com as outras palavras.

- pensar: *pensamento*
- ignorar: ....
- conscientizar: ....
- confiar: ....
- lembrar: ....
- saber: ....

3 Transforme os adjetivos a seguir em substantivos abstratos. Depois, escolha um deles e forme uma frase no caderno.

- cansado: ....
- alegre: ....

4 Observe a expressão das crianças nas fotos. Em sua opinião, que sentimento(s) elas estão exprimindo? Use substantivos abstratos.

Leia a frase e observe.

Ortografia -ez, -eza

O aluno passou os olhos com **rapidez** pelas questões da prova e teve a **certeza** de que conseguiria tirar uma boa nota.

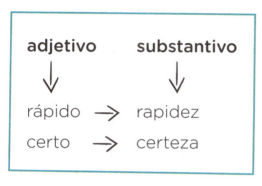

Usamos as terminações **-ez** e **-eza** para formar substantivos derivados de adjetivos.

1 Complete com o adjetivo ou o substantivo correspondente.

_____ → gentileza   limpo → _____

real → _____   _____ → timidez

esperto → _____   macio → _____

2 Complete as frases com substantivos formados a partir das palavras entre parênteses.

a) Senti _____ ao ter _____ da derrota do meu time. (triste – certo)

b) Com muita _____, o professor defendeu a _____ cultural do Brasil. (firme – rico)

c) Infelizmente, há muita _____ no Brasil. (pobre)

16 GÊNERO DO SUBSTANTIVO: EPICENO, COMUM DE DOIS GÊNEROS E SOBRECOMUM

Leia o texto e observe as palavras destacadas.

Roupa de festa

Antigamente, as crianças tinham um número bem reduzido de peças de roupas e de calçados. Mas havia uma especial: "a **roupa** de festa", que era a usada nos grandes eventos, como festas (lógico!), missas, batizados, casamentos. Era sempre a mesma.

Era comum as peças serem feitas em casa, por uma **costureira** ou alguém da família que tivesse habilidade em corte e costura, atividade destinada geralmente às **mães**, tias ou avós. A mãe ou algum adulto escolhia o modelo (criança não dava palpite) e comprava o **tecido**, e a costureira se encarregava de fazer a roupa.

Nessa época, consumíamos menos, e as roupas eram descartadas depois de muito tempo de uso. Inclusive, elas eram feitas para durar um bocado! Quando o **dono** da roupa crescia, a peça ia para outra criança. [...]

Alinhavos: o futuro do planeta está no seu guarda-roupa, de Alessandra Ponce Rocha. São Paulo: Panda Books, 2019. p. 21.

Os substantivos podem ser masculinos ou femininos.

São substantivos do gênero masculino **tecido** e **dono**.

Pertencem ao gênero **masculino** os substantivos que podem vir precedidos dos artigos **o**, **os**, **um**, **uns**. Exemplos:

> (o, um) tecido   (o, um) dono   (os, uns) amigos

São substantivos do gênero feminino **roupa**, **costureira** e **mães**.

Pertencem ao gênero **feminino** os substantivos que podem vir precedidos dos artigos **a**, **as**, **uma**, **umas**. Exemplos:

> (a, uma) roupa   (a, uma) costureira   (as, umas) mães

Veja como se faz a passagem do gênero masculino para o gênero feminino de alguns substantivos.

Masculino terminado em o, e	Substitui-se	Feminino
aluno	o por a	aluna
elefante	e por a	elefanta
Masculino terminado em r, s, z	**Acrescenta-se**	**Feminino**
cantor		cantora
inglês	a	inglesa
juiz		juíza
Masculino terminado em -ão	**Substitui-se**	**Feminino**
anão	ão por ã	anã
pavão	ão por oa	pavoa
folião	ão por ona	foliona

Veja outras formas de indicar o gênero dos substantivos.

Substantivos epicenos

Designam animais e têm só uma forma para o masculino e para o feminino. Para indicar o sexo do animal, usam-se as palavras **macho** e **fêmea**.

> A **baleia macho** e a **baleia fêmea** vieram parar na praia.

Substantivos comuns de dois gêneros

São os que têm apenas uma forma para os dois gêneros. Para distingui-los, usam-se artigos: **o** diante do masculino e **a** diante do feminino.

> **O gerente** e **a gerente** deste restaurante são irmãos.

Substantivos sobrecomuns

Apresentam uma única forma para o masculino e o feminino.

> Que **criança** bonita!

Nesse caso, **criança** pode ser um menino ou uma menina.

Atividades

1 Escreva **o**, **os**, **a**, **as** antes dos substantivos. Depois, pinte os quadrinhos conforme o código.

▶ substantivo feminino   ▶ substantivo masculino

☐ .... carros

☐ .... sacola

☐ .... histórias

☐ .... jogadores

☐ .... abraço

☐ .... amizade

2 Reescreva as frases passando os substantivos do masculino para o feminino. Faça as adaptações necessárias.

a) O vendedor atendeu o freguês com simpatia.

....

b) O pai dá exemplo aos seus filhos de como ser um bom cidadão.

....
....

3 Leia a frase.

> Uma jornalista famosa fez a reportagem que ganhou o prêmio.

a) O substantivo **jornalista** nessa frase se refere a um homem ou a uma mulher?

....

b) Contorne as palavras que ajudaram você a descobrir isso.

4 Aprenda um pouco mais sobre o gênero do substantivo com o jogo **Dominó** do **Caderno de jogos**. Siga as instruções e divirta-se com os colegas!

5 Leia a frase e faça o que se pede.

> A joaninha macho se alimenta de parasitas de plantas.

a) A palavra **joaninha** vem precedida de:

☐ o.   ☐ a.

b) Então, **joaninha** é um substantivo do gênero ....

c) Que palavra foi utilizada para indicar o sexo desse animal?

....

d) Como o substantivo **joaninha** pode ser classificado?

....

6 Contorne nas frases os substantivos comuns de dois gêneros.

a) O estudante ficou satisfeito com a apresentação do palestrante.

b) A repórter entrevistou a motorista que causou o acidente.

• Agora, reescreva as frases mudando o gênero das palavras que você contornou.

....

....

7 Complete as frases com os substantivos sobrecomuns do quadro. Eles se referem a seres dos sexos masculino e feminino.

| crianças   vítima   indivíduos |

a) O juiz mandou a .... entrar para depor.

b) Joana e Pedro são .... muito simpáticos.

c) As .... ficaram maravilhadas com os brinquedos do parque.

Ortografia — qua, que, qui; gua, gue, gui

1 Leia um texto sobre a jaguatirica. Observe as palavras destacadas.

A **jaguatirica** é um felino de tamanho médio e pode pesar até 15 **quilos**. Durante a noite caça roedores, **pequenos** macacos, aves, lagartos e até sapos.

Pode ser encontrada em várias regiões das Américas, desde o sul dos Estados Unidos até o **Uruguai**. No Brasil, ela vive em **quase** todos os biomas.

É o terceiro maior felino das Américas ficando atrás da onça-pintada e da suçuarana.

Criaturas noturnas: os animais que vivem na escuridão dos biomas brasileiros, de Guilherme Domenichelli. São Paulo: Panda Books, 2018. p. 36.

a) Leia em voz alta as palavras destacadas no texto e escreva-as na coluna correspondente.

qu	gu

b) Nas palavras **quilos** e **pequenos**, a letra **u**:

☐ é pronunciada.　　☐ não é pronunciada.

c) Nas palavras **jaguatirica**, **Uruguai** e **quase**, a letra **u**:

☐ é pronunciada.　　☐ não é pronunciada.

2 Leia as palavras em voz alta e contorne as sílabas que têm **qu** e **gu**.

> quartel   guia   foguete
> quiabo   aquecer   guaraná

- Copie as palavras em que a vogal **u** não é pronunciada, formando dígrafo.

....

> Os grupos **qu** e **gu** podem formar dígrafo quando seguidos das vogais **e** ou **i**. Nesse caso, a vogal **u** não é pronunciada.

3 O que é, o que é? Escreva a resposta para as adivinhas. **Dica:** Todas elas têm **qu** ou **gu**.

a) Animal marinho de corpo mole que pode queimar a pele humana.

....

b) Grupo de pessoas que realiza um certo trabalho.

....

c) Reservatório de água para plantas ou animais que vivem na água.

....

d) Árvore frutífera que produz manga.

....

e) Instrumento musical de cordas.

....

- Agora complete as frases com as palavras que você escreveu.

A letra **u** é pronunciada nas palavras: ....

A letra **u** não é pronunciada nas palavras: ....

....

17 NÚMERO DO SUBSTANTIVO: SINGULAR E PLURAL

Leia esta tirinha.

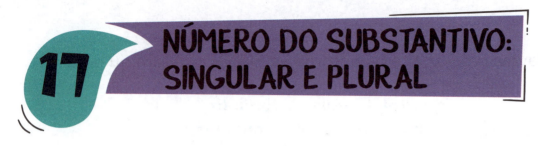

A hora da vingança: as aventuras de Calvin e Haroldo, de Bill Watterson. Tradução de Adriana Schwartz. São Paulo: Conrad, 2009.

Na língua portuguesa, os substantivos variam em número. Veja:

Singular	Plural
↓	↓
indica um ser	indica mais de um ser

Antes de substantivos no singular, usamos os artigos **o, a, um, uma**.
Antes de substantivos no plural, usamos os artigos **os, as, uns, umas**.

Em geral, os substantivos fazem o plural com o acréscimo de **s**:

| carro – carro**s** | vida – vida**s** | armário – armário**s** |

Mas há outros modos de formar o plural dos substantivos. Veja no quadro.

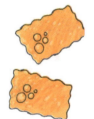

Substantivos terminados em		Regra	Plural
r, s, z	flo**r**	Acrescenta-se **es**.	flo**res**
	fregu**ês**		fregue**ses**
	jui**z**		juí**zes**
m	bagage**m**	Substitui-se **m** por **ns**.	bagage**ns**
	jardi**m**		jardi**ns**
al, el, ol, ul	jorn**al**	Substitui-se **l** por **is**.	jorna**is**
	past**el**		pasté**is**
	anz**ol**		anzó**is**
	az**ul**		azu**is**
il	fuz**il**	Se for oxítono, troca-se **l** por **s**.	fuz**is**
	répt**il**	Se for paroxítono, troca-se **il** por **eis**.	répt**eis**
ão	cidad**ão**	Substitui-se **ão** por **ãos**, **ões** ou **ães**.	cidad**ãos**
	por**ão**		por**ões**
	p**ão**		p**ães**

Substantivos terminados em **x** e substantivos paroxítonos ou proparoxítonos terminados em **s** conservam a mesma forma no plural e no singular. O plural é indicado pelo artigo:

o tênis – os tênis
o lápis – os lápis
o ônibus – os ônibus
o tórax – os tórax

Os substantivos **óculos**, **parabéns** e **núpcias** só existem no plural:

os óculos   os parabéns   as núpcias

Alguns substantivos têm vogal **o** fechada no singular e vogal **o** aberta no plural. Exemplos: osso – ossos; corpo – corpos; ovo – ovos; fogo – fogos; olho – olhos; tijolo – tijolos.

Veja, agora, como se forma o plural de substantivos compostos com hífen e sem hífen.

- Os dois elementos vão para o plural quando temos:

    substantivo + substantivo : cartão-postal → cartões-postais

    substantivo + adjetivo : cachorro-quente → cachorros-quentes

    adjetivo + substantivo : boa-vida → boas-vidas

    numeral + substantivo : segunda-feira → segundas-feiras

- Só o primeiro elemento vai para o plural quando:

    os dois elementos são ligados por preposição :

    cana-de-açúcar → canas-de-açúcar

    língua de sogra → línguas de sogra

- Só o segundo elemento vai para o plural quando é formado por:

    verbo (ou palavra invariável) + substantivo :

    guarda-roupa → guarda-roupas

    palavras repetidas : tico-tico → tico-ticos

- Conserva a mesma forma o substantivo composto cujos dois elementos são invariáveis. O singular ou o plural será indicado apenas pelo artigo:

    o porta-lápis → os porta-lápis

Atividades

1 Escreva o plural destes substantivos.

garrafa: .... porco: ....

pai: .... canguru: ....

casebre: .... cachorro: ....

- Como foi feita a passagem do singular para o plural nessas palavras?

....

2 Escreva o plural dos substantivos e dos artigos correspondentes.

a mulher: .... um avental: ....

um sapato: .... o pires: ....

o troféu: .... o fogão: ....

o inglês: .... um túnel: ....

o canil: .... o fóssil: ....

um boletim: .... o chinês: ....

3 Passe as frases para o plural.

a) Meu irmão me acompanhou.

....

b) O barão e a baronesa jantaram com um amigo.

....

c) O pão e a bolacha foram vendidos para o jovem.

....

4 Reescreva o texto substituindo os artigos **um** ou **uma** pelo numeral **dois** ou **duas**. **Dica:** Faça as mudanças necessárias para manter a concordância.

> Naquele livro de culinária, a receita de brigadeiro leva uma lata de leite condensado, uma colher de margarina, uma lata de creme de leite, um pacote de chocolate granulado e quatro colheres de achocolatado em pó.

....

....

....

5 Marque um **X** no plural correto dos substantivos compostos.

a) guarda-chuva

☐ guardas-chuvas

☐ guarda-chuvas

☐ guardas-chuva

b) amor-perfeito

☐ amores-perfeitos

☐ amores-perfeito

☐ amor-perfeitos

c) pimenta-do-reino

☐ pimentas-do-reinos

☐ pimenta-do-reinos

☐ pimentas-do-reino

d) quarta-feira

☐ quartas-feiras

☐ quarta-feiras

☐ quartas-feira

6 Reescreva a frase no singular.

As estrelas-do-mar são animais carnívoros. Elas vivem no fundo dos mares e dos oceanos.

7 Leia o texto a seguir. Depois, reescreva-o passando-o para o plural.

Manual

O manual é um folheto explicativo que acompanha uma máquina, um aparelho eletrônico, um eletrodoméstico, um jogo, um brinquedo, enfim, qualquer objeto que precisa de uma explicação para ser usado.
Para ser claro, ele costuma ser dividido em partes. Muitas vezes, usam-se desenhos nos manuais, pois certas coisas são muito mais fáceis de se entender com uma imagem.

Felpo Filva, de Eva Furnari. São Paulo: Moderna, 2019. p. 50.

Ortografia — e, i

1 Complete as palavras com **e** ou **i**. Use o acento agudo ou circunflexo quando necessário.

- doz............
- lent............
- caf............
- sa............
- táx............
- bambol............
- inteligent............
- júr............
- parent............
- ....spelho
- sed............
- dó............

- turn............
- pur............
- t............soura
- mar............
- pa............
- aqu............
- gengibr............
- abacax............
- molequ............
- sangu............
- gerg............lim
- cáqu............

2 Complete as palavras das frases com **e** ou **i**. **Dica:** Se a palavra for oxítona sem acento, escreva **i**. Se for paroxítona sem acento, escreva **e**.

a) Ganhei de brind............ um gib............ e um p............ão.

b) Depois de comer doc............, escov............ os dent............s para evitar cári............

c) Ontem com............ abacax............ com sorvet............ de crem............

d) Devemos combater o mosquito da dengu............ na cidad............

3 Contorne no diagrama oito palavras iniciadas com **es** ou **is**. Depois escreva-as nas colunas abaixo.

```
K J Y I S T O L L E S P I R R O R Y E L O M
N Q T H I A J K L O O C A E V P O I F E P A
H L C L O I S Q U E I R O E E C L S Y S C H
J N W J U L A W Z R T I B U R M N C A P M E
O E S P E T O U A B D P E E P C Y A A E C O
Q R A T I N B P R O G N C O N L T I L R L J
Z H N O E A V I S R A E L I T A E N A A Y U
N W Q P M O D C I R E S Q U I S I T O E N X
```

Iniciadas com es	Iniciadas com is

4 Complete as palavras escrevendo os prefixos **im-/in-** ou **em-/en-**. Depois, copie-as no caderno.

- ....caixotar
- ....possível
- ....balar
- ....perdoável

- ....barcar
- ....seguro
- ....sacar
- ....curável

Os prefixos **im-** e **in-** dão a ideia de negação, oposição. Os prefixos **em-** e **en-** indicam movimento para dentro.

18 GRAU DO SUBSTANTIVO: NORMAL, DIMINUTIVO E AUMENTATIVO

Leia o seguinte texto.

As cidades árabes têm como grande marca da arquitetura seus incríveis mercados, que apresentam uma grande variedade de mercadorias, como roupas e especiarias. [...] Ao entrar no mercado, você é guiado e seduzido pelos sentidos – a rica visualidade, os cheiros das especiarias, os sons – e, se não prestar bastante atenção, pode se perder em meio às **ruelas**.

Arquitetura aventura, de Katia Canton. São Paulo: DCL, 2010. p. 22.

● Especiarias em mercado árabe. Dubai, 2017.

Veja o significado do substantivo **ruela** no dicionário.

> **ru.e.la** (é) *s.f.* pequena rua; viela.
>
> **Dicionário escolar da língua portuguesa**, de Domingos Paschoal Cegalla. São Paulo: Editora Nacional, 2008. p. 762.

A palavra **ruelas**, destacada no texto, está no diminutivo.

Os substantivos podem estar no **grau normal** (rua), no **grau diminutivo** (ruela, ruazinha) ou no **grau aumentativo** (rua grande).

Para indicar aumento ou diminuição de tamanho ou intensidade, podemos usar o substantivo no **grau aumentativo** ou no **grau diminutivo**.

Em geral, para formar o diminutivo usamos terminações como:

inho → prat**inho**	**ico** → burr**ico**	**eto** → livr**eto**
zinho → papel**zinho**	**ote** → rapaz**ote**	**ejo** → lugar**ejo**
ito → cabr**ito**	**ebre** → cas**ebre**	**isco** → chuv**isco**

Em geral, o grau aumentativo é formado com terminações como:

ão → gat**ão**	**orra** → cabeç**orra**	**eirão** → voz**eirão**
ona → crianç**ona**	**aço** → ric**aço**	**ázio** → cop**ázio**
(z)arrão → can**zarrão**	**alha** → mur**alha**	**aréu** → fog**aréu**

Atividades

1 Faça a correspondência numerando corretamente os diminutivos e os aumentativos.

Grau normal	Diminutivo	Aumentativo
1 boca	☐ salinha, saleta	☐ corpão, corpanzil
2 animal	☐ corpinho, corpúsculo	☐ salão
3 sala	☐ boquinha	☐ animalão
4 corpo	☐ vozinha	☐ bocarra, bocão, bocona
5 cão	☐ animalzinho	☐ canzarrão
6 voz	☐ cãozinho	☐ vozeirão

2 Pinte os quadrinhos de acordo com o código.

■ grau diminutivo   ■ grau aumentativo   ■ grau normal

☐ fogaréu   ☐ riacho   ☐ balão
☐ gotícula   ☐ sineta   ☐ vilarejo
☐ vizinha   ☐ caminho   ☐ sabichão
☐ barcaça   ☐ muralha   ☐ carvão

> Nem todos os substantivos terminados em **-inho(a)** ou **-zinho(a)** estão no grau diminutivo. Nem todos os substantivos terminados em **-ão** estão no grau aumentativo.

3 Leia a fala da menina.

> Meu **cãozinho** é também meu **amigão**!

a) O substantivo **cãozinho** dá ideia de:

☐ tamanho.   ☐ tristeza.   ☐ ironia.

b) O substantivo **amigão** dá ideia de:

☐ tamanho.   ☐ afeto, carinho.   ☐ ironia.

4 Complete o quadro. Na segunda coluna, acrescente as palavras **grande**, **enorme** ou **imenso(a)** às palavras no grau normal. Veja o exemplo.

Grau normal	Grau normal + grande, enorme ou imenso(a)	Grau aumentativo
casa	casa imensa	casarão, casona
cachorro		cachorrão, canzarrão
	nariz enorme	
gato		
		homenzarrão
		chapelão
	muro grande	

Também podemos formar o aumentativo com as palavras **grande**, **enorme** e **imenso(a)**.

5 Leia o poema.

Hora do almoço I – A missão da mãe

Uma colherada,
outra colherada.
Você não comeu nada,
come, meu amor.

Falta só um pouco,
só mais um pouquinho.
Mamãe fez com carinho,
almoça, por favor!

Vai, meu leãozinho,
come só mais essa.
Hum... tá bom à beça!
Que bicho comilão!

Olha o aviãozinho,
abre a portinhola,
anda, não enrola,
come este avião!!

Amigos do peito, de Cláudio Thebas.
Belo Horizonte: Formato, 2008.

a) Copie o substantivo terminado em **-inho** que não está no grau diminutivo.

....

b) Copie do poema os substantivos que estão no grau diminutivo.

....

....

c) Copie os substantivos terminados em **-ão** que não estão no grau aumentativo.

....

6 Complete com o substantivo destacado no grau normal e acrescente as palavras **pequeno(a)** ou **minúsculo(a)**.

a) Uma **gotícula** é uma ....

b) Um **chapeuzinho** é um ....

c) Um **botãozinho** é um ....

d) Uma **maleta** é uma ....

Ortografia -inho(a), -zinho(a)

1 Leia a fala da menina.

> VOU REGAR ESSA MARGARIDINHAZINHA. ELA ESTÁ PRECISANDO DE UMA AGUINHA.

a) No balão de fala, há uma palavra com dois sufixos que indicam diminutivo.

- Qual é essa palavra? ....

- Quais são os sufixos? ....

b) Copie do balão de fala outra palavra no diminutivo.

....

- A menina usou essas palavras no diminutivo para expressar:

☐ afeto, carinho. ☐ ironia. ☐ grosseria.

2 Complete as frases com o diminutivo das palavras do quadro.

| vaso | pão | mesa | anel | avó | blusa |

a) Vítor comprou .... na padaria e

levou para sua ....

b) Gabriela colocou seu .... sobre a ....

c) A .... de Luísa tem a ilustração de um ....

de flores.

140

3 Leia os verbetes.

> **carinho (ca-ri-nho)** *substantivo* Sentimento de afeto e de ternura.

> **farinha (fa-ri-nha)** *substantivo* Pó feito quando se moem alguns cereais ou raízes.
>
> **Dicionário Saraiva Júnior: dicionário da língua portuguesa**. São Paulo: Saraiva, 2009.

a) Marque um **X** na opção correta.

Os substantivos **carinho** e **farinha** estão no grau:

☐ diminutivo.   ☐ normal.   ☐ aumentativo.

b) Escreva outras palavras terminadas em **-inho(a)** ou **-zinho(a)** que não estejam no grau diminutivo. Forme frases com essas palavras.

....

....

....

....

....

4 Escreva as palavras no grau diminutivo.

- flor → ....
- limão → ....
- asa → ....
- irmã → ....
- livro → ....
- avião → ....

- sertão → ....
- varal → ....
- pão → ....
- suco → ....
- casa → ....
- amor → ....

19 PREPOSIÇÃO E LOCUÇÃO PREPOSITIVA

Leia o trecho de um texto e observe as palavras destacadas.

Como são treinados os cães-guia *para* cegos?

[...] Há centros **de** treinamento especializados no serviço, financiados **por** ONGs ou pelo governo, e eles arcam **com** todo ou quase todo o custo (de R$ 35 mil a R$ 45 mil). Os cegos ficam apenas **com** as despesas comuns do bicho, como alimentação, veterinário, banhos, etc. [...] A primeira escola **de** treinamento foi inaugurada **em** 1916 na Alemanha pelo médico Gerhard Stalling, mas, no Brasil, a lei que permite a presença **de** cães-guia **em** espaços públicos só foi sancionada **em** 2006 (embora houvesse ONGs treinando os bichos antes disso). Hoje, a demanda no nosso país é maior que a oferta: uma instituição como a Cão Guia Brasil, que atua **desde** 2009, treina cerca de cinco cães **por** ano, mas há mais **de** 8 mil pessoas na espera. [...]

Texto: Jennifer Ann Thomas

Os segredos dos animais, da Editora Abril. São Paulo: Abril, 2017. p. 92.

ONGs: organizações não governamentais.
Sancionada: aprovada.

Cada palavra destacada no texto liga dois termos entre si, isto é, liga a palavra que vem antes dela à palavra que vem depois. Essas palavras são chamadas de **preposições**.

Veja outros exemplos.

livro **de** contos — preposição

viver **em** harmonia — preposição

sair **com** os amigos — preposição

Preposição é uma palavra invariável que serve para ligar outras palavras, estabelecendo uma relação entre elas.

Conheça as principais preposições da língua portuguesa.

a	até	de	entre	perante	sob
ante	com	desde	para	por	sobre
após	contra	em	per	sem	trás

Locução prepositiva

A função de ligar palavras pode ser desempenhada por mais de uma palavra.

Tem-se, nesse caso, uma **locução prepositiva**. Veja os exemplos:

A temperatura hoje deve estar **abaixo de** zero.

Foi ao cinema **em vez de** ir para casa.

Locução prepositiva é o grupo de duas ou mais palavras que têm a função de preposição.

Conheça algumas locuções prepositivas.

depois de	abaixo de	de acordo com	atrás de
por causa de	a fim de	além de	em vez de
ao redor de	a respeito de	através de	por meio de

Leia a frase.

Passear **numa** linda carruagem.

em (preposição) + uma (artigo)

As preposições **a**, **de**, **em** e **per** podem unir-se a artigos, pronomes e advérbios, formando outras palavras. Veja.

Combinação – é a união de uma preposição com um artigo, um pronome ou um advérbio, sem alterações em sua forma.

Exemplo: **a** (preposição) + **o** (artigo) → **ao**.

Contração – é a união de uma preposição com um artigo, um pronome ou um advérbio, com alterações em sua forma.

Exemplo: **de** (preposição) + **o** (artigo) → **do**.

Conheça algumas combinações e contrações.

Preposição + artigo	Preposição + pronome demonstrativo	Preposição + advérbio
a + a → à	a + aquela → àquela	a + onde → aonde
a + o → ao	a + aquele → àquele	de + onde → donde
de + a → da	de + esta → desta	de + aqui → daqui
em + o → no	de + esse → desse	de + ali → dali
per + a → pela	em + aquela → naquela	

Atividades

1 Complete as frases com preposições. **Dica:** Em algumas frases o sentido pode ser dado por mais de uma preposição.

a) Falei tudo .... o meu amigo.

b) O livro está .... a mesa da sala.

c) Amanhã irei à escola .... uniforme.

d) Você acredita .... fantasmas?

e) Gosto .... ler contos .... terror.

2 Use as expressões do quadro para completar as frases.

| embaixo do | antes da | através do |

a) Escondi a chave .... tapete.

b) Irei à sua casa .... aula.

c) Observamos o jardim .... vidro da janela.

- Complete a informação.

    As expressões que você escreveu são ....

3 Complete as frases com as contrações da preposição com os artigos ou pronomes indicados.

a) Eu gostei muito .... roupa. (de + esta)

b) Estudei .... Espanha por dois anos. (em + a)

c) As crianças gostavam .... histórias contadas pela avó. (de + as)

d) O jogo vai ser .... mesmo estádio .... último campeonato. (em + aquele)/(de + o)

144

4 Leia a fábula e complete as lacunas com as preposições e contrações do quadro.

pela	a	para	de	no	em

A raposa e as uvas

A raposa vinha _____ estrada quando viu uma parreira carregada _____ suculentas uvas vermelhas.

"Essas uvas já estão _____ papo" — pensou.

Doce ilusão. A raposa tentou _____ tudo, mas os cachos estavam tão altos que não conseguiu apanhar um bago que fosse.

Matreira, ela comentou _____ quem quisesse ouvir:

— Reparando bem, essas uvas estão muito verdes. Raposas não comem uvas verdes, pois dão dor _____ barriga.

E foi embora.

Quando já tinha percorrido algumas léguas, um vento forte começou _____ soprar. Então a raposa voltou depressinha e pôs-se a farejar o chão _____ busca _____ bagos _____ uva.

Quem desdenha quer comprar.

Fábulas de Esopo, de Jean de La Fontaine. Adaptação de Lúcia Tulchinsky. São Paulo: Scipione, 2010.

5 Numere a segunda coluna de acordo com o que a preposição **de** indica.

A mesma preposição pode indicar ideias diferentes.

1	posse		Ganhei um anel **de** ouro.
2	origem		Este lápis é **de** Paula.
3	matéria		Tremia **de** frio.
4	causa		Vim **de** Portugal.

Ortografia: traz, trás, atrás

Leia o texto.

Atrás da árvore, o Lobo espiava Chapeuzinho Vermelho. De repente, ele se aproximou e, por **trás** dela, perguntou:

— O que você traz nessa cesta, menina?

1 Complete as frases com **trás**, **atrás** ou **traz**.

> **atrás** (advérbio) → indica lugar (é o mesmo que detrás) ou anteriormente no tempo.
>
> **trás** (advérbio) → também indica lugar e há sempre uma preposição antes dele.
>
> **traz** (forma do verbo **trazer**) → significa 'transportar para cá'.

a) Você vai pela frente do colégio? Eu vou por .... Vamos ver quem chega antes!

b) Mamãe me .... à escola todos os dias.

c) Crianças devem se sentar no banco de .... do carro.

d) O gatinho se escondeu .... da estante.

e) A aluna nova .... fruta de casa todos os dias.

f) O carteiro .... as correspondências e as coloca na caixa de correspondência.

g) Eu estudava em outra escola até dois anos ....

2 Escreva uma frase com cada uma das locuções prepositivas:

a) atrás de

....

....

b) por trás de

....

....

3 Pesquise em jornais ou revistas textos em que apareçam as palavras **atrás**, **trás** ou **traz**. Escolha um deles e copie-o ou cole-o abaixo. Não se esqueça de escrever a fonte completa de onde você retirou o texto.

20 CRASE

Leia um trecho da **Declaração dos Direitos da Criança**.

As crianças têm direito **à** vida, **a** um nome e **a** uma nacionalidade.

As crianças têm direito **à** educação gratuita.

As crianças têm direito de brincar e de se divertir.

[...]

As crianças têm direito **a** cuidados especiais em caso de deficiência física.

As crianças têm direito ao amor, **à** compreensão e a proteção.

Viva a cidadania!, de Sylvie Girardet. São Paulo: Companhia Editora Nacional, 2007.

Observe.

direito **à** vida → direito **a** + **a** vida (substantivo feminino)

preposição + artigo

Quando duas vogais a se fundem, temos uma **crase**.

Crase é a fusão de duas vogais a (a + a).
Na escrita, indicamos a crase com o **acento grave (à)**.

A crase ocorre quando a preposição **a** se junta:

- ao artigo **a/as**. Exemplo:

"As crianças têm direito **à** educação gratuita."

- aos pronomes demonstrativos **aquele/aqueles**, **aquela/aquelas** e **aquilo**. Exemplo:

Fui **àquele** cinema ontem.

Veja os principais casos em que ocorre crase:

- antes de palavra feminina precedida da preposição **a** e do artigo **a**.

  > Os alunos foram **à** escola de ônibus.

- na indicação das horas.

  > O museu está aberto para visitação das 9 **às** 18 horas.

- em locuções adverbiais.

  > **à** direita, **à** esquerda, **à** noite, **à** tarde, **às** pressas, **às** vezes etc.

- antes de nomes de países, estados ou cidades que admitem artigo feminino **a**.

  > Vamos **à** Indonésia e **à** Bahia.

Veja alguns casos em que **não** ocorre crase:

- antes de palavra masculina;

  > Fomos **a** pé até o parque.

- antes de pronomes pessoais;

  > Entregarei o dinheiro **a** ela/**a** você/**a** Vossa Senhoria.

- antes de verbos;

  > O lixo da escola será reciclado **a** partir de amanhã.

- antes de nomes de países, estados ou cidades que não admitem artigo feminino;

  > Vou **a** Portugal, **a** Rondônia e **a** Recife.

Atividades

1 Coloque o acento grave indicativo de crase quando for necessário.

a) Pedi uma informação a secretária.

b) Para chegar ao parque, vire a direita.

c) Marcos foi a aula.

d) Amanhã iremos a Campinas.

e) Compramos os móveis para pagamento a prazo.

2 Leia as frases. Depois escreva por que ocorre ou não a crase diante das palavras destacadas. Veja o exemplo.

a) **Às duas horas** irei pegar o livro que encomendei.

   às duas horas: *ocorre crase antes de indicação de horas*

b) Nessa viagem, você foi **a Minas Gerais**, mas não foi **à Bahia**?

   a Minas Gerais: ....

   à Bahia: ....

c) Darei parabéns **a você** pela manhã.

   a você: ....

d) Gosto de caminhar; por isso vou **à escola a pé**.

   à escola: ....

   a pé: ....

3 Leia as falas e faça como no exemplo.

"VIM DA COZINHA."

"VOU À COZINHA."

a) Vim da Amazônia. ....

b) Vim da feira. ....

c) Vim da Itália. ....

d) Vim da lanchonete. ....

4 Complete as frases com **a**, **à** ou **às**. Preste atenção na palavra que vem depois da lacuna.

a) Sairemos da escola .... 15 horas.

b) Nada tenho .... dizer sobre este assunto.

c) Emprestei .... ele o meu *skate*.

d) .... vezes saio com meus pais .... tarde ou .... noite.

e) Fui almoçar perto de casa e voltei .... pé.

5 Use o acento grave indicativo de crase quando necessário.

a) Helena entregou a professora o cartaz que havia feito.

b) Leonardo anda a cavalo na chácara em que mora.

c) Nós iremos a praia no fim de semana.

d) Este quadro de Van Gogh foi pintado a óleo.

e) Aquela casa está a venda.

f) Eduardo foi a Portugal, enquanto Fernando foi a Inglaterra.

Ortografia → onde, aonde

Leia as frases.

QUE LINDO SAPATO! **ONDE** VOCÊ COMPROU?

AONDE VOCÊ FOI HOJE?

Compare.

onde ⟶ em que lugar?

comprou ⟶ verbo que não indica movimento

Onde é usado com verbo que não indica movimento.

aonde ⟶ para onde, para qual lugar?

ir ⟶ verbo que indica movimento e exige a preposição **a** (a + onde ⟶ aonde)

Aonde é usado com verbo que indica movimento.

1 Complete as frases com **onde** ou **aonde**. Preste atenção nos verbos destacados.

a) .... você **foi** domingo passado?

b) Diga-me .... você **viu** minha bicicleta.

c) A cidade .... **nasci** está em festa.

d) Conte-me .... você **quer chegar**.

2 Complete as perguntas com **onde** ou **aonde**. Observe as respostas.

a) — .... você vai tão bonita?
— Vou a uma festa.

b) — .... você encontrou esse livro?
— Encontrei na biblioteca da escola.

c) — .... fica o clube?
— É logo ali, depois da padaria.

d) — .... vão aquelas pessoas?
— Vão ao restaurante para almoçar.

e) — .... você nasceu?
— Nasci em Pernambuco.

3 Escreva uma frase com **onde** e uma com **aonde**.

....

....

4 Leia a tirinha.

As melhores tiras da Mônica, de Mauricio de Sousa. São Paulo: Panini Books, 2008.

- Por que, no primeiro quadrinho, Magali usou a palavra **aonde**?

....

PENSAR, REVISAR, REFORÇAR

1 Reescreva as frases substituindo os substantivos masculinos destacados pela forma correspondente no feminino. Faça as alterações necessárias.

a) O **escritor** leu para o **estudante** a sua história.
....

b) O **esportista** se assustou com a **cobra macho**.
....

c) O **jovem cidadão** é um **artista**.
....

2 Você aprendeu que o som **sê** pode ser representado por várias letras. Escreva, em cada coluna, mais duas palavras em cada grupo.

sc	sç	xc	x
desce	desça	excelente	auxílio

- Agora, escolha uma palavra de cada coluna e escreva uma frase com cada uma.

....
....
....

3 Observe a imagem da estátua do escritor Carlos Drummond de Andrade, no Rio de Janeiro, e um cartaz deixado ao lado dela.

• Estátua em homenagem a Carlos Drummond de Andrade no calçadão da praia de Copacabana, na cidade do Rio de Janeiro.

a) Qual é o sinal de pontuação usado no final do texto do cartaz?

....

b) O conteúdo do cartaz está escrito em primeira pessoa, como se o próprio poeta estivesse dizendo aquilo. Quais são sua maior queixa e seu verdadeiro desejo?

c) Quais são os dois substantivos que aparecem no cartaz?

....

• Esses substantivos são:

☐ concretos.   ☐ próprios.   ☐ comuns.

4 Escreva uma frase sobre a imagem da atividade anterior que tenha pelo menos um substantivo próprio que indique um lugar e um substantivo abstrato.

....

UNIDADE 3
CLASSE E FUNÇÃO DAS PALAVRAS

༽ Entre nesta roda ༼

- No nome do restaurante, aparece um adjetivo. Qual é ele?

- Os restaurantes, em geral, oferecem pratos variados. Quais são os pratos típicos servidos nesse restaurante?

- Você sabe o nome de pratos típicos de algumas cidades brasileiras? Compartilhe com os colegas.

21 ADJETIVO E LOCUÇÃO ADJETIVA

Leia este trecho de um conto.

A boa lhama

Era uma vez uma família de um antigo povo peruano. Eles tinham um grande tesouro: uma lhama **jovem**, **robusta** e **saudável** chamada Yacana.

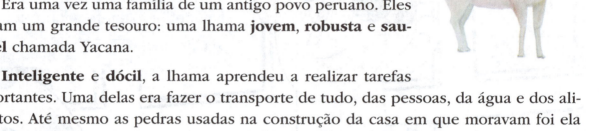

Inteligente e **dócil**, a lhama aprendeu a realizar tarefas importantes. Uma delas era fazer o transporte de tudo, das pessoas, da água e dos alimentos. Até mesmo as pedras usadas na construção da casa em que moravam foi ela que carregou. Naquele tempo não havia carros nem carroças. Portanto, o serviço do animal tinha um valor inestimável. [...]

Contos encantados da América Latina, de Celina Bodenmüller e Fabiana Prando. São Paulo: Moderna, 2018. p. 16.

Observe os adjetivos atribuídos à lhama no texto:

lhama → jovem, robusta, saudável, inteligente, dócil

> **Adjetivos** são palavras que atribuem qualidades, características aos substantivos.

Releia este trecho:

Inteligente e dócil, a lhama aprendeu a realizar tarefas **importantes**.

A palavra **importantes** é um adjetivo e está no plural para concordar com o substantivo **tarefas**, que também está no plural.

> Os adjetivos concordam com os substantivos em gênero e número.

Às vezes, o papel de adjetivo é desempenhado por mais de uma palavra. Veja:

Antigo povo **do Peru**. → Antigo povo **peruano**.

> **Locução adjetiva** é a união de duas ou mais palavras que equivalem a um adjetivo.

Muitas locuções adjetivas têm seu adjetivo correspondente.
Exemplo: carne **de boi** → carne **bovina**.

Veja outros exemplos.

Locução adjetiva	Adjetivo
de mãe	materno
de irmão	fraterno
da tarde	vespertina
da manhã	matinal
do povo	popular
do sertão	sertanejo
de gelo	glacial

Adjetivo pátrio

EU NASCI NO BRASIL. SOU **BRASILEIRA**.

Adjetivo pátrio é aquele que indica origem ou nacionalidade.

Veja alguns adjetivos pátrios.

Lugar de origem	Adjetivo pátrio
Brasil	brasileiro
Bolívia	boliviano
Japão	japonês
Minas Gerais	mineiro
Maranhão	maranhense

Atividades

1 Muitos adjetivos podem caracterizar uma pessoa. Leia as falas.

EU SOU **ALEGRE** E **BRINCALHONA**.

ÀS VEZES SOU **PREGUIÇOSO**.

SOU **SOLIDÁRIA**. SEMPRE AJUDO QUEM PRECISA.

- Agora, escreva uma frase com dois adjetivos que caracterizam você.

....

2 Observe esta obra de arte.

● **Pescando à beira-mar**, acrílico sobre lona, de Cristina de la Hoz, 2013.

Com base na obra de arte, caracterize cada substantivo abaixo com um adjetivo.

- casas ....
- barcos ....
- céu ....

3 Qual é o adjetivo pátrio de quem nasce:

a) em Salvador? ....

b) em Curitiba? ....

c) em Manaus? ....

d) em Alagoas? ....

e) em Cuiabá? ....

4 Encontre cinco adjetivos no diagrama e contorne-os.

I	N	F	A	N	T	I	S	K	R	K	R	H	J	K	I
Q	R	T	S	X	T	H	L	M	A	R	Í	T	I	M	A
S	N	R	T	V	I	N	F	A	N	T	I	S	A	K	J
T	D	E	S	C	F	U	W	Q	K	O	L	P	N	B	G
B	R	A	S	I	L	E	I	R	A	B	G	H	I	O	P
G	B	T	E	Q	A	S	L	O	P	B	A	É	R	E	A
T	E	A	T	R	A	L	P	I	Y	N	H	T	G	S	E

- Agora, reescreva as frases substituindo as locuções adjetivas destacadas pelos adjetivos que você encontrou.

a) Uma peça **de teatro** será apresentada na escola.

....

b) A bandeira **do Brasil** é um dos símbolos da pátria.

....

c) A viagem **de avião** é mais rápida que a viagem **por mar**.

....

d) As roupas **de criança** estão muito caras.

....

161

NO DIA A DIA

1 Escreva o adjetivo pátrio referente aos seguintes estados brasileiros.

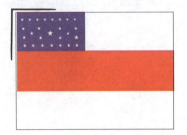
Amazonas

Alagoas

Bahia

Espírito Santo

Goiás

Minas Gerais

Paraná

Rio de Janeiro

Rondônia

São Paulo

Pará

Pernambuco

2 Leia o texto a seguir.

Aves bolivianas

Os cinco países com maior quantidade de espécies de aves no mundo estão na América do Sul e são: Colômbia, Peru, Brasil, Equador e, em 5º lugar, a Bolívia. Grandes áreas florestais que não foram alteradas pela ação do homem são o fator principal para a preservação. O desenho de um condor está na bandeira da Bolívia, pois ele é o pássaro símbolo do país. O condor pode chegar a 50 anos de idade, a 15 quilos de peso e a 3,30 metros de **envergadura**.

● Condor durante o voo.

Contos encantados da América Latina, de Celina Bodenmüller e Fabiana Prando. São Paulo: Moderna, 2018. p. 99.

Envergadura: distância entre as extremidades das asas quando estão abertas.

a) Você aprendeu que adjetivo pátrio é aquele que indica origem ou nacionalidade.

Complete com o lugar de origem que corresponde ao adjetivo pátrio dos lugares citados no texto.

- colombiano → origem: _____
- peruano → origem: _____
- brasileiro → origem: _____
- equatoriano → origem: _____
- boliviano → origem: _____

b) Agora, complete com o seu local de origem e o adjetivo pátrio correspondente.

- Meu país de origem é _____

  Sou _____

- Nasci no estado _____

  Sou _____

DE OLHO NO DICIONÁRIO

Observe os verbetes desta página de dicionário.

ma.jo.rar — 437 — **ma.lé.fi.co**

ma.jo.rar *v.t.* Tornar maior; aumentar. ⇨ **majoração** *s.f.*; **majorado** *adj.*

ma.jo.ri.tá.rio *adj.* Relativo a ou em que há maioria; predominante. Antôn.: *minoritário*.

mal *s.m.* 1. O que se opõe ao bem. 2. Malefício. 3. Dor ou doença. 4. Aquilo que prejudica, é nocivo, causa dano. *Adv.* 5. De modo mau, irregular. 6. Apenas; com esforço; mal e mal. 7. Pouco. 8. Com rudeza ou grosseria. *Conj.* 9. Logo que; apenas.

ma.la *s.f.* Saco de couro, pano ou plástico, ou caixa de madeira revestida de pano ou lona, para transporte de roupas e objetos em viagem.

ma.la.ba.ris.mo *s.m.* 1. Agilidade; destreza. 2. Exercício que exige muita agilidade ou destreza. ⇨ **malabarista** *adj.2g.* e *s.2g.*

mal.-a.ca.ba.do *adj.* Malfeito; imperfeito. Pl.: *mal-acabados*.

ma.la.ca.che.ta [ê] *s.f.* Mica.

mal.-a.for.tu.na.do *adj.* Infeliz; mal-aventurado; desafortunado. Pl.: *mal-afortunados*.

mal.-a.gra.de.ci.do *adj.* Ingrato; desagradecido. Pl.: *mal-agradecidos*.

ma.la.gue.nha *s.f.* Canção e dança espanhola.

ma.la.gue.nho *adj.* 1. De Málaga (Espanha). *S.m.* 2. O natural ou habitante de Málaga.

ma.la.gue.ta [ê] *s.f.* Espécie de pimenta muito ardida.

ma.lai.o *adj.* e *s.m.* 1. Malásio. *S.m.* 2. A língua falada pelos malaios.

mal.-a.jam.bra.do *adj.* Malvestido. Pl.: *mal-ajambrados*.

ma.lan.dra.gem *s.f.* 1. Ação ou vida de malandro; malandrice. 2. Súcia de malandros.

ma.lan.dri.ce *s.f.* Ação, qualidade ou vida de malandro.

ma.lan.dro *adj.* e *s.m.* 1. Indivíduo vadio, que vive de expedientes; velhaco. 2. Indivíduo preguiçoso; mandrião.

ma.lar *adj.2g.* 1. Relativo à maçã do rosto. *S.m.* 2. (Anat.) Osso malar.

ma.lá.ria *s.f.* (Pat.) Infecção transmitida por certo mosquito e caracterizada por febre intermitente. Sinôn.: *maleita, paludismo* ou *impaludismo, sezão*.

mal.-ar.ran.ja.do *adj.* Malvestido. Pl.: *mal-arranjados*.

ma.lá.sio *adj.* 1. Da Malásia (região da Ásia). *S.m.* 2. O natural ou habitante dessa região. Var.: *malaio*.

mal.-as.som.bra.do *adj.* Em que (sítio) aparecem fantasmas, almas do outro mundo, etc. Pl.: *mal-assombrados*.

ma.lau.i.a.no *adj.* 1. De Malauí ou Malavi (África). *S.m.* 2. O natural ou habitante desse país. Var.: *malaviano*.

mal.-a.ven.tu.ra.do *adj.* Infeliz; desventurado. Pl.: *mal-aventurados*.

ma.la.vi.a.no *adj.* e *s.m.* Malauiano.

mal.-a.vin.do *adj.* Desavindo. Pl.: *mal-avindos*. Antôn.: *bem-avindo*.

mal.ba.ra.tar *v.t.* Gastar; empregar mal; dissipar; desperdiçar. ⇨ **malbaratado** *adj.*; **malbaratador** *adj.* e *s.m.*

mal.ba.ra.to *s.m.* Ação ou efeito de malbaratar; desperdício; dissipação.

mal.chei.ro.so [ô] *adj.* Que tem mau cheiro; fedorento.

mal.cri.a.ção *s.f.* Ação, dito ou qualidade de malcriado; malcriadeza. Var.: *má-criação*.

mal.cri.a.de.za *s.f.* Malcriação.

mal.cri.a.do *adj.* e *s.m.* Mal-educado; descortês; grosseiro. Antôn.: *bem-criado*.

mal.da.de *s.f.* 1. Qualidade ou ato de mau; crueldade; ruindade. 2. Malícia.

mal.dar *v.t., int.* 1. Fazer mau juízo. 2. Maldizer.

mal.di.ção *s.f.* 1. Ação ou efeito de maldizer. 2. Praga. 3. Desgraça, calamidade.

mal.di.to *adj.* Que se amaldiçoou; amaldiçoado.

mal.di.va.no *adj.* e *s.m.* Maldívio.

mal.di.vi.a.no *adj.* e *s.m.* Maldívio.

mal.dí.vio *adj.* 1. Das Maldivas (Ásia). *S.m.* 2. O natural ou habitante desse país. 3. O idioma maldívio. Var.: *maldivo; maldivano; maldiviano*.

mal.di.vo *adj.* e *s.m.* Maldívio.

mal.di.zen.te *adj.2g.* e *s.2g.* (Pessoa) que fala mal dos outros. Var.: *maledicente*.

mal.di.zer *v.t.* 1. Amaldiçoar; praguejar contra. 2. Lastimar-se; murmurar. *Int.* 3. Falar mal de alguém. Antôn.: *bendizer*.

mal.do.so [ô] *adj.* Que tem ou em que há maldade.

ma.le.ar *v.t.* 1. Converter (metal) em lâmina. 2. Tornar dócil, flexível (caráter, temperamento, etc.).

ma.le.á.vel *adj.2g.* 1. Flexível; amoldável; dúctil. 2. (fig.) Dócil; compreensivo. ⇨ **maleabilidade** *s.f.*

ma.le.di.cên.cia *s.f.* Qualidade de maldizente; murmuração; difamação.

ma.le.di.cen.te *adj.2g.* e *s.2g.* Maldizente. Superl. abs. sint.: *maledicentíssimo*.

mal.-e.du.ca.do *adj.* e *s.m.* Malcriado; grosseiro. Pl.: *mal-educados*. Antôn.: *bem-educado*.

ma.le.fí.cio *s.m.* 1. Ação que faz mal; dano; prejuízo. 2. Sortilégio; bruxaria.

ma.lé.fi.co *adj.* Que faz ou tende a fazer mal; maligno. Superl. abs. sint.: *maleficentíssimo*. Antôn.: *benéfico*.

Minidicionário Luft, de Celso Pedro Luft. São Paulo: Ática, 2009.

1 Que palavras de referência foram usadas nessa página?

....

2 Qual é a classe gramatical dessas palavras?

....

3 Para economizar espaço, usam-se muitas abreviaturas no dicionário. Observe o significado de algumas:

> adj. → adjetivo
> s.m. → substantivo masculino
> fig. → figurado

a) Quantos verbetes são adjetivos nessa página?

....

b) Que verbetes dessa página apresentam a terminação **-oso**? Copie as palavras e a abreviatura que as acompanha.

....

c) Quantos significados há para cada uma dessas palavras?

....

d) O que significa a indicação **fig.** no sentido 2 do verbete maleável?

....

....

e) Escolha um adjetivo terminado em **-oso** e outro terminado em **-osa** e escreva duas frases, usando-os em sentido figurado.

....

....

....

Ortografia: -oso, -osa; -ês, -esa; -ense

Veja.

gatinho preguiçoso   gatinha preguiçosa

As palavras **preguiçoso** e **preguiçosa** são **adjetivos**.

> A pronúncia do adjetivo masculino singular é fechada (ô), e a do adjetivo feminino singular é aberta (ó).

1 Imagine três características dadas por Lucas para a *pizza* que sua avó fez. Todas as palavras devem ter terminação **-osa**.

QUE PIZZA .... ,
.... E
....

2 Faça a correspondência entre os substantivos e os adjetivos numerando a segunda coluna.

1	meninas		famosa
2	garoto		corajosas
3	cantora		cuidadosos
4	pais		generoso

3 Complete com o adjetivo no masculino ou no feminino.

a) menino português → menina ....

b) homem .... → mulher inglesa

c) professor espanhol → professora ....

d) senhor .... → senhora escocesa

e) amigos chineses → amigas ....

> A terminação dos adjetivos pátrios em **-ês** e **-esa** é escrita sempre com **s**. Há acento somente no masculino singular (terminação **-ês**).

4 Contorne no diagrama cinco palavras terminadas em **-ense**.

T	E	R	E	S	I	N	E	N	S	E	R	H	J	K	I
T	E	P	M	A	C	A	P	A	E	N	S	E	E	C	F
Q	R	E	C	I	F	E	N	S	E	R	Í	P	O	N	A
S	N	R	T	V	I	N	F	P	A	L	M	E	N	S	E
G	R	T	E	M	A	C	E	I	O	E	N	S	E	N	H

• Agora, complete as frases com as palavras encontradas.

a) Joana nasceu em Teresina. Ela é ....

b) Marcos nasceu em Recife. Ele é ....

c) Débora nasceu em Palmas. Ela é ....

d) Antônio nasceu em Maceió. Ele é ....

e) Leandra nasceu em Macapá. Ela é ....

> A terminação dos adjetivos pátrios em **-ense** é escrita sempre com **s**. Os adjetivos com esse sufixo têm a mesma forma no masculino e no feminino.

22 CONCORDÂNCIA NOMINAL

Leia a sinopse do livro **Menina bonita do laço de fita**, de Ana Maria Machado, e observe o trecho destacado.

Uma linda menina negra desperta a admiração de um coelho branco, que deseja ter uma filha tão pretinha quanto ela. Cada vez que ele lhe pergunta qual o segredo de sua cor, ela inventa uma história. O coelho segue todos os "conselhos" da menina, mas continua branco.

Catálogo de literatura infantil e informativos
Ática/Scipione, 2016.

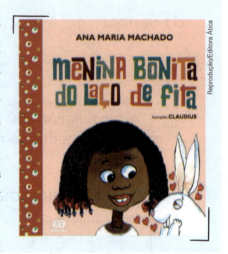

Veja.

Uma	**linda**	**menina**	**negra**
artigo indefinido feminino	adjetivo feminino singular	substantivo feminino singular	adjetivo feminino singular

> Os adjetivos concordam com os substantivos em gênero e número, ou seja, no masculino/feminino e no singular/plural. A esse processo damos o nome de **concordância nominal**.

Quanto ao gênero, o adjetivo pode apresentar:

- uma forma para o masculino e outra para o feminino. Exemplos:

    Paulo é um menino **estudioso**.

    Marta é uma menina **estudiosa**.

- uma única forma para o masculino e para o feminino. Exemplos:

    Um menino **alegre**.

    Uma turma **alegre**.

Atividades

1 Complete as frases com os artigos, adjetivos e substantivos adequados. Escolha entre as opções nos parênteses.

a) Ontem, ... alagaram as ruas.
(a/as)   (forte/fortes)   (chuva/chuvas)

b) .... da turma do
(Uma/Umas)   (menina/meninas)

5º ano vestia saia colorida.

c) .... do 5º ano ....
(Um/Uns)   (aluno/alunos)   (entusiasmado/entusiasmados)

prepararam a .... de encerramento das aulas.
(festa/festas)

2 Complete o texto com artigos, substantivos e adjetivos que correspondam às palavras destacadas.

.... **confeiteiro** ....

faz **bolos** ....

Ontem ele comprou um **livro** ....

com **receitas** ....

3 Escreva uma frase com o substantivo e o adjetivo abaixo, incluindo um artigo nessa frase.

| alimentos   saborosos |

4 Crie frases com as expressões a seguir no masculino plural.

a) a aluna estudiosa – ....

....

b) a filha obediente – ....

....

5 Leia o título de um artigo de jornal.

Se eu fosse o mar...

... seria instável: ora manso e afetuoso, ora bem nervoso!

Folha de S.Paulo, São Paulo, 5 dez. 2009. Folhinha.

> Alguns adjetivos são **uniformes**, ou seja, têm uma única forma para o masculino e para o feminino.

a) Identifique, no título, o adjetivo que tem uma única forma para o masculino e para o feminino.

....

b) Que adjetivos estão na forma masculina?

....

c) Se trocássemos o substantivo **mar** por **lagoa**, como ficariam os adjetivos?

....

6 Reescreva as expressões, passando-as para o feminino singular.

a) os cantores talentosos

....

b) os cidadãos voluntários

....

7 Complete o texto com as palavras do quadro, fazendo a concordância entre artigo, substantivo e adjetivo.

> descartados   incríveis   animado

O carpinteiro Mestre Cereja ficou .... quando Gepeto entrou em sua casa.

— Amigo, queria que me ajudasse a fazer um boneco. Ele será meu companheiro para a vida! Vai dançar, dar piruetas, fazer acrobacias! — finalizou.

Mestre Cereja, na mesma hora, abriu sua caixa de materiais .... que poderiam ser reciclados. Com as coisas legais que guardava, costumava criar peças ....!

Gepeto escolheu então alguns objetos importantes para criar o boneco. E ele foi tomando forma. Um acerto aqui, uma caprichada ali e pronto. Tinha ficado muito bom! [...]

Pinóquio reciclado, de Carlo Collodi. Tradução: Telma Guimarães. Itapira, SP: Estrela Cultural, 2018. p. 9.

8 Junte as duas frases em uma, fazendo a concordância. Veja o exemplo.

| Iara é esperta. Carlos é esperto. → Iara e Carlos são espertos. |

> Quando o adjetivo se refere a um substantivo masculino e também a um substantivo feminino, vai para o masculino plural.

a) Felipe está zangado. Bruna está zangada.

....

b) O livro é novo. A revista é nova.

....

c) O brinquedo está guardado. A mochila está guardada.

....

Particularidades da concordância nominal

Veja o diálogo.

A palavra **obrigado** concorda com a pessoa que fala.

1 Complete as frases a seguir com os adjetivos dos quadros.

| obrigado | obrigadas | obrigada | obrigados |

a) Às vezes, as pessoas são .... a fazer o que não querem.

b) Marta agradeceu: "Muito .... pelo presente!".

c) Todo cidadão é .... a pagar impostos.

d) Eles foram .... a ir embora por causa da chuva.

2 Leia a frase.

> O pedreiro misturou **a cal** ao cimento.

- Complete as frases com os artigos **um** ou **uma**.

a) Tenho .... dó muito grande dos animais abandonados!

b) Comprei .... alface de folhas crespas.

c) A professora precisou dar .... telefonema.

3 Há substantivos que mudam de gênero e significado dependendo do artigo que os acompanha. Observe alguns exemplos.

a cabeça: parte superior do corpo
o cabeça: chefe, líder

a rádio: emissora
o rádio: aparelho receptor e transmissor de sinais

a capital: cidade
o capital: dinheiro, patrimônio

o caixa: lugar onde são feitos pagamentos
a caixa: recipiente para guardar objetos

o grama: unidade de medida de massa
a grama: relva, capim

- Leia as frases a seguir complete-as com o artigo adequado.

a) .... rádio que foi inaugurada ontem tem programas de música e notícias.

b) Ganhei .... rádio que também toca CD.

c) .... capital do Brasil é Brasília.

d) .... grama do campo de futebol era sintética.

e) Guardei os brinquedos em .... caixa de papelão.

f) .... cabeça faz parte dos membros superiores.

g) Quanto está custando .... grama do ouro?

4 Complete as frases com uma das palavras entre parênteses.

a) Comprei .... gramas de queijo. (trezentos/trezentas)

b) Estou com .... dó de você. (muito/muita)

GRAU DO ADJETIVO: COMPARATIVO E SUPERLATIVO

Grau comparativo

Leia os balões.

Nas falas das crianças, o adjetivo **esperto** foi usado para fazer uma comparação entre o macaco e a raposa.

O adjetivo **esperto** foi empregado no grau comparativo.

> O **grau comparativo** é usado para comparar características.

Existem três formas de grau comparativo:

- de **superioridade** → O macaco é **mais** esperto **(do) que** a raposa;
- de **igualdade** → O macaco é **tão** esperto **quanto** a raposa;
- de **inferioridade** → O macaco é **menos** esperto **(do) que** a raposa.

Podemos comparar as características de dois ou mais substantivos e também indicar a intensidade da característica de um só substantivo. Exemplo:

> Taís é **tão alta quanto bonita**.

Grau superlativo

A característica representada pelo adjetivo **esperta** foi intensificada. Ele está no **grau superlativo**.

EU NÃO SOU APENAS **ESPERTA**. SOU **MUITO ESPERTA**. SOU **ESPERTÍSSIMA**!

> O **grau superlativo** indica que o adjetivo está sendo intensificado.

O grau superlativo divide-se em **superlativo absoluto** e **superlativo relativo**.

O grau **superlativo absoluto** pode ser:

- **analítico** (formado por mais de uma palavra) – quando usamos as palavras **muito**, **bem**, **demais** ou **bastante** ao lado do adjetivo. Exemplos:

Ela é **muito bonita**!	Sou **bem esforçado**!
Sou **feliz demais**!	Ele é **bastante inteligente**!

- **sintético** (formado por apenas uma palavra) – quando acrescentamos ao adjetivo as terminações (sufixos) **-íssimo**, **-érrimo** ou **-ílimo**. Exemplos:

Ela é **lindíssima**!   A roupa é **chiquérrima**!   A questão era **dificílima**.

Observe ainda:

> Algumas pessoas dizem que o macaco é **o mais esperto** dos animais!

Se o adjetivo for usado para fazer uma comparação de um ser com todos os outros seres de um conjunto, ele está no grau **superlativo relativo**.

Veja este quadro-resumo.

Grau superlativo dos adjetivos
Absoluto: o grau de qualidade não tem como referência nenhum outro ser. O superlativo absoluto pode ser: • **sintético** → expresso por uma só palavra. A prova foi **facílima**.   • **analítico** → expresso por mais de uma palavra. A prova foi **muito fácil**.   **Relativo:** o adjetivo destaca a qualidade do ser em relação a outros seres de um conjunto.   O superlativo relativo pode ser: • **de superioridade** → Helena é **a mais nova** da turma.   • **de inferioridade** → Paulo é **o menos bagunceiro** da turma.

Os adjetivos **bom**, **mau**, **grande** e **pequeno** possuem formas diferentes para o comparativo de superioridade e para o superlativo. Observe o quadro.

Adjetivo	Comparativo de superioridade	Superlativo	
		absoluto	relativo
bom	melhor	ótimo	o(a) melhor
mau	pior	péssimo	o(a) pior
grande	maior	máximo	o(a) maior
pequeno	menor	mínimo	o(a) menor

Veja alguns exemplos.

Um elefante é **maior** que um esquilo.

Este filme é **péssimo**!

Esta boneca é **a menor** da coleção de Lia.

Atividades

1 Leia.

> O bolo de chocolate é tão **gostoso** quanto o de morango.

a) A palavra destacada pertence à classe gramatical dos:

☐ artigos.   ☐ adjetivos.   ☐ substantivos.

b) A comparação **tão gostoso quanto** expressa:

☐ igualdade.   ☐ inferioridade.   ☐ superioridade.

2 Junte as duas frases, fazendo uma comparação entre elas. Veja o exemplo.

> Minha mãe é alta. Meu pai é mais alto.
> Meu pai é mais alto (do) que minha mãe.

a) Assistir a um filme é interessante. Ler um livro é mais interessante.

....

....

b) O leão é feroz. O macaco é menos feroz.

....

....

3 Nas frases a seguir, o adjetivo está no grau comparativo. Marque um **X** nas frases em que a comparação expressa **inferioridade**.

☐ Meu avô é menos idoso que o seu.

☐ Meu avô é tão idoso quanto minha avó.

☐ Estou menos cansado que você.

☐ Estou tão cansado quanto você.

- O que as comparações que você não marcou expressam?

....

4 Leia a frase.

> A turma hoje está **animadíssima**.

a) Mantendo a mesma ideia, podemos substituir **animadíssima** por:

☐ mais animada que.   ☐ muito animada.

b) O adjetivo **animadíssima** está no grau:

☐ comparativo.   ☐ superlativo.

5 Complete com o adjetivo no grau normal ou no superlativo absoluto sintético.

	dificílimo	feliz	
amigo			mínimo
alto		mau	
	ótimo		paupérrimo

178

6 Reescreva as frases colocando o adjetivo no grau superlativo absoluto analítico e depois no superlativo absoluto sintético. Veja o exemplo.

> Este garoto é educado.
> Este garoto é **muito educado**.
> Este garoto é **educadíssimo**.

a) Nossa festa está animada.

....

....

b) Minha calça está apertada.

....

....

c) O professor passou apressado.

....

....

d) Aquela pintura é bela.

....

....

e) Meu pai é inteligente.

....

....

7 Observe a imagem e escreva frases usando o grau superlativo.

....

....

Ortografia: cessão, seção, sessão

Veja as cenas e observe as palavras destacadas nos balões.

As palavras destacadas nos balões de fala são palavras **homófonas**: iguais na pronúncia e diferentes na significação e na grafia. Observe:

> **sessão**: espaço de tempo de exibição de um filme ou programa; reunião.
>
> **seção**: parte de um todo; setor, divisão.
>
> **cessão**: ato de ceder; doação.

1 Complete as frases com as palavras **sessão**, **seção** ou **cessão**.

a) Meu tio lê a .... de cultura do jornal todos os dias.

b) Gosto de assistir aos filmes na primeira .... do cinema.

c) Dona Clara encontrou o liquidificador que queria na .... de eletrodomésticos da loja.

d) Felipe fez a .... de seus bens para o orfanato.

2 Escreva uma frase com cada palavra do quadro.

| sessão | seção | cessão |

24 NUMERAL

Leia a sinopse do livro abaixo.

Uma, duas, três Marias

Maria é uma garota pobre que divide sua vida entre as responsabilidades da escola, de cuidar da casa e dos irmãos, e a esperança, que para ela se resume na felicidade da família. O pai morreu, a mãe trabalha fora o dia todo para sustentar a casa, e Maria, entre todas as tarefas que lhe ocupam o dia, encontra tempo para namorar e sonhar, com a ajuda permanente de uma terceira estrelinha que pisca, pisca lá no céu...

Catálogo Literatura Infantil, Ática/Scipione. 2019/2020. p. 143.

As palavras **uma**, **duas** e **três** são **numerais**.

De acordo com o que indica, o numeral pode ser:

> **Numeral** é a palavra que indica quantidade de elementos ou posições em uma série.

- **cardinal** – indica quantidade.

  Já li **quatro** livros este ano.

- **ordinal** – indica ordem.

  Vítor foi o **terceiro** colocado no campeonato de xadrez da cidade.

- **multiplicativo** – indica multiplicação de quantidade.

  Joana tem o **dobro** da minha idade.

- **fracionário** – indica divisão de quantidades.

  Dei **um quarto** de chocolate para cada colega.

Atividades

1 Leia.

> Os **dois** irmãos brincam juntos.

a) A palavra destacada indica:

☐ um nome próprio. ☐ uma qualidade.

☐ uma quantidade. ☐ uma ação.

b) Logo, essa palavra é classificada como:

☐ artigo. ☐ numeral.

☐ substantivo. ☐ adjetivo.

2 Leia o poema e faça o que se pede na página seguinte.

O ônibus

Logo na esquina
desceu o primeiro.
Seguiu o motorista
mais quatro passageiros.

Desceu o segundo
no ponto seguinte.
Levou um susto:
a rua estava diferente.

Desceu o terceiro
na casa de Raimundo
que carrega no nome
tanta raiva do mundo.

O quarto desceu
em frente à estátua.
Caiu-lhe sobre a cabeça
uma espada de prata.

Desceu o último
tranquilo na calçada,
queria sentir o vento,
passear e mais nada.

Ficou só o motorista
nenhum passageiro.
Agora sim — ufa! —
podia ir ao banheiro.

Poesia a gente inventa, de Fernando Paixão.
São Paulo: Ática, 2010.

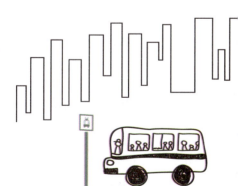

183

a) No poema, contorne os numerais.

b) Marque um **X** nos dois tipos de numeral empregados no poema.

☐ cardinal. ☐ fracionário. ☐ ordinal.

c) .... é um numeral ...., pois indica quantidade.

d) Os numerais .... indicam ordem; no poema, aparecem quatro deles: ...., ..., ..., ...

3 Leia as frases e escreva **A** se a palavra **um** for artigo indefinido e **N** se for numeral.

☐ Viajei por um mês no ano passado.

☐ Um aluno recolheu as provas.

☐ Peguei um ônibus até o centro da cidade.

☐ Comprei um CD de música clássica e dois de samba.

Julia Kuznetsova/Shutterstock

4 Complete as frases com os numerais do quadro.

| vinte | metade | segundo | triplo |

a) Lívia comeu a .... do bolo de aniversário que ela ganhou.

b) Alexandre tem o .... da idade de sua prima.

c) Na sala de aula de Melissa há .... alunos.

d) O time de Lucas ficou em .... lugar no campeonato.

5 Escreva o tipo do numeral destacado em cada frase.

a) João tem **dezesseis** anos.

....

b) Vovó tem o **triplo** da minha idade.

....

c) **Dois terços** dos legumes foram usados na salada.

....

d) Júlia comemorou seu **décimo quinto** aniversário.

....

6 Em algumas situações, é comum utilizarmos algarismos romanos. Reescreva as frases colocando os numerais por extenso.

a) Já li até o capítulo IV deste livro.

....

b) Estamos no século XXI.

....

c) Minha turma participará da V Maratona Escolar.

....

d) O rei Luís XV era francês.

....

> Lemos os algarismos romanos como ordinais até o décimo. A partir daí, devemos lê-los como cardinais.
>
> Exemplos: século III (terceiro); século XII (doze).

Ortografia — Escrita dos numerais

1 Leia o balão de fala e observe o numeral destacado.

O BRASIL TEM CERCA DE **DUZENTOS E QUATRO MILHÕES** DE HABITANTES.

Observe que foi usada a letra **e** na escrita do numeral: **duzentos e quatro milhões**.

Observe o uso do **e** em outros numerais:

> Usa-se **e** entre a centena, a dezena e a unidade.
> 298 → duzentos **e** noventa **e** oito

> Não se usa **e** entre o milhar e a centena.
> 4120 → quatro mil cento **e** vinte

> Usa-se **e** quando a centena terminar com dois zeros ou começar com zero.
> 4500 → quatro mil **e** quinhentos
> 2016 → dois mil **e** dezesseis

2 Observe a imagem a seguir, de uma carta celeste, e leia o texto que explica o que ela representa.

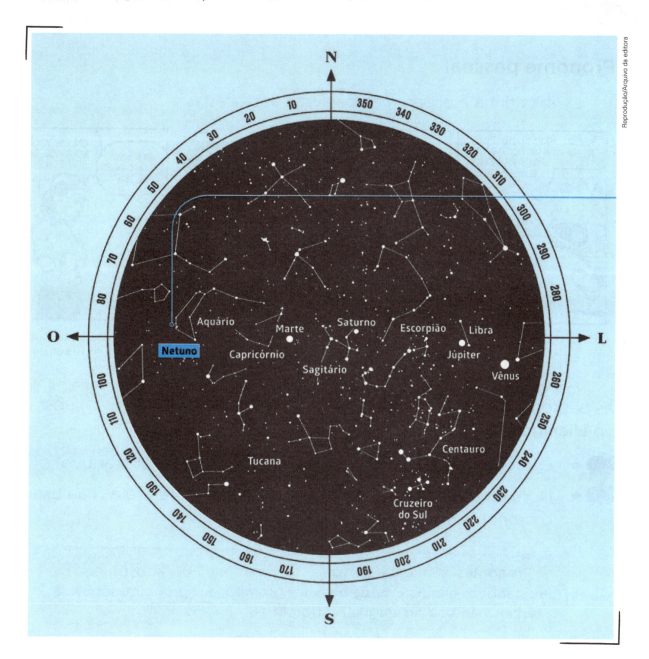

Onde estamos?

A carta celeste acima mostra o céu previsto para a cidade de São Paulo às 20h do dia 7 de setembro. Nela estão representadas as constelações, estrelas até quinta magnitude e planetas visíveis.

A primavera já está chegando, de Gustavo Rojas.
Galileu, ed. 325. São Paulo: Globo, ago. 2018. p. 15.

- Contorne os numerais encontrados na imagem e no texto.

PRONOME PESSOAL E PRONOME DE TRATAMENTO

Pronome pessoal

Leia a tirinha e observe as palavras destacadas.

Calvin e Haroldo: Yukon ho!, de Bill Watterson. Tradução de André Conti. São Paulo: Conrad Editora do Brasil, 2008.

As palavras **eles**, **eu**, **ela** e **você** são pronomes pessoais. Eles indicam as pessoas da fala. O pronome pessoal **eles** está substituindo o substantivo **alienígenas**.

- O pronome pessoal **ela** está substituindo qual substantivo?
- No último quadrinho, por que Calvin não se refere à mãe usando o pronome **você**?

> **Pronomes** são palavras que acompanham ou substituem os substantivos e indicam três pessoas gramaticais: primeira, segunda e terceira pessoa do singular e do plural.

Observe o quadro com as pessoas gramaticais.

Pessoa	Singular	Plural
1ª (aquela que fala)	eu	nós
2ª (aquela com quem se fala)	tu, você	vós, vocês
3ª (aquela de quem se fala)	ele, ela	eles, elas

Agora leia.

A palavra **te** substitui o substantivo **Juliana**. Essa palavra é chamada de **pronome pessoal do caso oblíquo**.

Os pronomes pessoais do caso oblíquo correspondem aos pronomes pessoais do caso reto. Veja o quadro.

	Pronomes pessoais	
	do caso reto	do caso oblíquo
1ª pessoa do singular	eu	me, mim, comigo
2ª pessoa do singular	tu	te, ti, contigo
3ª pessoa do singular	ele, ela	o, a, lhe, se, si, consigo
1ª pessoa do plural	nós	nos, conosco
2ª pessoa do plural	vós	vos, convosco
3ª pessoa do plural	eles, elas	os, as, lhes, se, si, consigo

Pronome de tratamento

Observe a palavra em destaque na fala seguir.

> Quando voltava do mercado, o jovem viu uma mulher carregando as compras e disse:
> — A **senhora** gostaria de ajuda?

A palavra **senhora** é um **pronome pessoal de tratamento**.

Esse pronome pode indicar uma forma de tratamento respeitosa, cerimoniosa ou informal.

Veja o quadro dos pronomes de tratamento.

Pronomes de tratamento	
você (v.)	no tratamento familiar
senhor (Sr.)/senhora (Sr.ª)	no tratamento de respeito
senhorita (Srt.ª)	no tratamento a moças solteiras
Vossa Senhoria (V. S.ª)	no tratamento a pessoas de cerimônia, principalmente na correspondência comercial
Vossa Excelência (V. Ex.ª)	no tratamento a altas autoridades
Meritíssimo/a (M. M.)	no tratamento a juízes e juízas
Vossa Reverendíssima (V. Revm.ª)	no tratamento a sacerdotes
Vossa Eminência (V. Em.ª)	no tratamento a cardeais
Vossa Santidade (V. S.)	no tratamento ao papa
Vossa Majestade (V. M.)	no tratamento a reis e rainhas
Vossa Majestade Imperial (V. M. I.)	no tratamento a imperadores e imperatrizes
Vossa Alteza (V. A.)	no tratamento a príncipes, princesas e duques

Atividades

1 Leia os seguintes quadrinhos.

Snoopy, de Charles M. Schulz. São Paulo: Nemo, 2014. v. 2.

a) No segundo quadrinho, que pronome a menina usa para se referir a Schroeder?

....

- Marque um **X** na alternativa correta.

☐ Esse pronome acompanha o substantivo **Schroeder**.

☐ Esse pronome substitui o substantivo **Schroeder**.

b) O pronome **ele** refere-se:

☐ à 1ª pessoa (a que fala).

☐ à 2ª pessoa (com quem se fala).

☐ à 3ª pessoa (de quem se fala).

c) No primeiro quadrinho, aparece um pronome de tratamento. Que pronome é esse?

....

2 Complete as frases com os pronomes pessoais do caso oblíquo.

> mim   conosco   nos   me

a) Nós vamos ao cinema. Você vai ....?

b) Eu .... alimentei bem antes de ir para a escola!

c) Ontem, Caio e eu .... comunicamos por *e-mail*.

d) Você se lembrou de trazer o CD para ....?

3 Reescreva as frases substituindo o substantivo repetido pelos pronomes oblíquos **o**, **a**, **os**, **as**. Veja o exemplo.

> Júlia comprou as **frutas** e entregou as **frutas** a sua mãe.
>
> Júlia comprou as frutas e entregou-**as** a sua mãe.

a) Pedro leu o **livro** e depois colocou o **livro** na estante.

....

....

b) Daniela pegou a **mochila** e levou a **mochila** para a escola.

....

....

c) Bruno juntou os **brinquedos** e doou os **brinquedos** para um orfanato.

....

....

d) Laura fez as **anotações** em um papel e passou as **anotações** a limpo em um caderno.

....

....

4 Reescreva as frases substituindo os substantivos destacados pelo pronome indicado.

a) Vou lavar esta **janela** com sabão. (la)

_____

b) Os pais encontraram os **filhos** na porta da escola. (nos)

_____

c) Elas levaram a **gatinha** ao veterinário. (na)

_____

> Os pronomes oblíquos **o**, **a**, **os**, **as** se modificam quando vêm depois de verbos terminados em **r** e **m**.
>
> Com verbos terminados em **r**, usa-se **lo**, **la**, **los**, **las**. Exemplo: Vou convida**r o colega**. Vou convidá-**lo**.
>
> Com verbos terminados em **m**, usa-se **no**, **na**, **nos**, **nas**. Exemplo: Os pais trouxera**m as meninas**. Os pais trouxera**m-nas**.

5 Reescreva as frases substituindo as palavras destacadas pelo pronome de tratamento correspondente.

a) **O governador** compareceu ao evento.

_____

b) **O papa** encerrou a cerimônia.

_____

c) **A princesa** retornará ao palácio em breve.

_____

> A forma **Vossa** antes do título é utilizada quando nos dirigimos diretamente à pessoa a quem se refere o pronome. Exemplo: Vossa Majestade deseja sair?
>
> A forma **Sua** antes do título é utilizada quando falamos dessa pessoa. Exemplo: Sua Majestade disse que deseja sair.

Ortografia — Abreviaturas e siglas

Leia.

DR. CARLOS, O SR. ALBERTO GOSTARIA DO SEU PARECER SOBRE OS PACIENTES.

Dr. e **sr.** são abreviaturas de **doutor** e **senhor**.

> **Abreviatura** é a redução da escrita de uma palavra ou de uma expressão, sem prejudicar a sua compreensão.

Conheça algumas abreviaturas.

adj. → adjetivo	km → quilômetro
av. → avenida	m → metro
cap. → capítulo	min → minuto
cia. → companhia	obs. → observação
coml. → comercial	prof. → professor
depto. → departamento	R. → rua
ex. → exemplo	S.A. → Sociedade Anônima
h → hora	séc. → século
Jr. → Júnior	tel. → telefone

> As abreviaturas das unidades de medida e de tempo não têm ponto final nem plural.
>
> 1 h (1 hora)   2 h (2 horas)
> 1 m (1 metro)   10 m (10 metros)

Há um tipo especial de abreviaturas: as **siglas**. Elas podem ser formadas:

- pelas letras iniciais maiúsculas das palavras que compõem determinado nome. Exemplo: **AM** → **A**mazonas;

- pelas sílabas ou letras iniciais que formam um nome. Exemplo: **CEP** → **C**ódigo de **E**ndereçamento **P**ostal.

Conheça outras siglas.

> **SP** → **S**ão **P**aulo
> **UFRJ** → **U**niversidade **F**ederal do **R**io de **J**aneiro
> **ONG** → **O**rganização **N**ão **G**overnamental
> **SUS** → **S**istema **Ú**nico de **S**aúde

1 Numere as abreviaturas da segunda coluna de acordo com a primeira.

1	litro		N
2	grama		L
3	página		g
4	norte		pág.

2 Escreva o nome dos meses correspondentes às abreviaturas.

- jul.: ....
- jan.: ....
- ago.: ....

- dez.: ....
- mar.: ....
- jun.: ....

3 Escreva a sigla correspondente a cada estado. Observe o quadro.

| AC | MG | SE | RO |

a) Minas Gerais: ....

b) Sergipe: ....

c) Acre: ....

d) Rondônia: ....

26 PRONOME: POSSESSIVO, DEMONSTRATIVO, INDEFINIDO E INTERROGATIVO

Pronome possessivo

Observe a imagem e leia.

ESTA É A **MINHA**, A **SUA**, A **NOSSA** CASA! VAMOS CUIDAR MELHOR DELA?

As palavras **minha**, **sua** e **nossa** são **pronomes possessivos**.

> **Pronome possessivo** é aquele que se refere a um elemento (o substantivo), dando ideia de posse.

O pronome possessivo concorda em gênero (masculino ou feminino) e em número (singular ou plural) com o substantivo a que se refere.

Veja o quadro dos pronomes possessivos.

Pessoa	Singular		Plural	
	Masculino	Feminino	Masculino	Feminino
1ª (eu)	meu	minha	meus	minhas
2ª (tu)	teu	tua	teus	tuas
3ª (ele, ela)	seu	sua	seus	suas
1ª (nós)	nosso	nossa	nossos	nossas
2ª (vós)	vosso	vossa	vossos	vossas
3ª (eles, elas)	seu	sua	seus	suas

Podemos substituir os pronomes possessivos **seu**, **sua**, **seus**, **suas** por **dele**, **dela**, **deles**, **delas** e **de vocês**. Exemplos:

Bia lê muito. **Seus** livros são todos de aventura.

Bia lê muito. Os livros **dela** são todos de aventura.

Pronome demonstrativo

Leia as falas e compare as ilustrações.

As palavras **esta**, **essa** e **aquela** são **pronomes demonstrativos**.

> O **pronome demonstrativo** indica a posição de um elemento em relação à pessoa que fala e à pessoa que ouve.

Veja quais são os pronomes demonstrativos.

Pessoa	Pronomes demonstrativos		
	variáveis	invariáveis	indicam
1ª	este, esta, estes, estas	isto	o que está próximo do falante (este aqui, isto aqui).
2ª	esse, essa, esses, essas	isso	o que está próximo do ouvinte (esse aí, isso aí).
3ª	aquele, aquela, aqueles, aquelas	aquilo	o que está distante do falante e do ouvinte (aquele lá, aquilo lá).

Pronome indefinido

Observe.

A palavra **alguém** não se refere a uma pessoa em especial. Refere-se a qualquer pessoa, de modo vago. **Alguém** é um **pronome indefinido**.

Veja os principais pronomes indefinidos.

> **Pronome indefinido** é aquele que se refere ao substantivo dando uma ideia vaga, imprecisa, genérica.

Pronomes indefinidos	
variáveis	invariáveis
algum, alguma, alguns, algumas, certo, certa, certos, certas, muito, muita, muitos, muitas, nenhum, nenhuma, nenhuns, nenhumas, outro, outra, outros, outras, pouco, pouca, poucos, poucas, qualquer, quaisquer, todo, toda, todos, todas, vários, várias	alguém, ninguém, outrem, cada, nada, tudo, algo

Pronome interrogativo

Observe o título do livro ao lado.

A palavra **quem**, usada para fazer uma pergunta, é um **pronome interrogativo**.

> **Pronome interrogativo** é o pronome indefinido usado em frases interrogativas.

Conheça os principais pronomes interrogativos.

que	quem	qual	quais
quanto	quantos	quanta	quantas

Atividades

1 Leia o texto.

Minha mãe sempre conta histórias de quando eu era bem pequena. Ela fala que a **nossa** casa era grande, bem diferente do **nosso** pequeno apartamento atual. Havia quatro quartos, e o **meu** era o maior.

a) As palavras **minha**, **nossa**, **nosso** e **meu** indicam:

☐ uma pergunta. ☐ ideia de posse. ☐ quantidade.

b) As palavras **minha**, **nossa**, **nosso** e **meu** são, portanto, pronomes ....

c) Os pronomes **minha**, **nossa** e **nosso** estão acompanhando quais substantivos?

....

....

> O **pronome possessivo** acompanha ou substitui o substantivo.

d) O pronome **meu** está substituindo qual substantivo?

☐ apartamento   ☐ quarto   ☐ casa

2 Complete as frases com pronomes interrogativos.

a) .... é a sua altura?

b) .... anos você tem?

c) .... músicas você gosta de escutar?

199

3 Leia a fala da menina.

MAMÃE, TROUXE ESTAS FLORES NOVAS! VAMOS TROCAR AQUELAS QUE JÁ ESTÃO MURCHAS?

a) Que pronome a menina usa para indicar as flores que trouxe?

....

b) O pronome que você escreveu é:

☐ possessivo.　　☐ pessoal.　　☐ demonstrativo.

c) Esse pronome indica que as flores estão:

☐ distantes da pessoa que fala.

☐ próximas da pessoa que fala.

d) O pronome **aquelas** refere-se às:

☐ flores novas.　　☐ flores murchas.

e) O pronome **aquelas** indica que as flores murchas estão:

☐ distantes da pessoa que fala (a menina) e da pessoa com quem se fala (a mãe).

☐ próximas da pessoa que fala.

4 Leia.

a) O pronome **alguém** refere-se a uma pessoa de maneira:

☐ indefinida, vaga.   ☐ definida, precisa.

b) **Alguém** é um pronome ....

c) **Quem** é um pronome ....

5 Substitua os substantivos repetidos por pronomes. Veja o exemplo.

> Davi pintava barcos como os **barcos** que via seu avô pintar.
> Davi pintava barcos como **aqueles** que via seu avô pintar.

a) Assim que o bebê nasceu, o **bebê** ficou vermelho de tanto chorar.

....

....

b) Meu tio comprou um terno, mas meu **tio** não vai usar o **terno**.

....

....

> Podemos evitar repetições nos textos usando pronomes para substituir substantivos.

Ortografia — por que, porque, por quê, porquê

Leia a tirinha e observe as palavras destacadas.

Garfield: um gato em apuros, de Jim Davis. Porto Alegre: L&PM, 2009.

- **por que**: usado para fazer uma pergunta.
  Por exemplo:
  Por que eu gosto tanto de você?

- **por quê**: usado no final de frase interrogativa seguida de ponto de interrogação ou de ponto final.
  Por exemplo:
  Eu gosto tanto de você **por quê**?

- **porque**: usado para dar uma resposta ou uma explicação.
  Por exemplo:
  Você gosta de mim **porque** eu sou perfeito.

- **porquê**: precedido dos artigos **o**, **os**, **um** ou **uns** é um substantivo que equivale a **causa**, **motivo**, **razão**.
  Por exemplo:
  Não sei lhe dizer o **porquê** de meu amor por você.

1 Reescreva as frases substituindo as palavras em destaque por **motivo** ou **razão**.

a) Quer saber o **porquê** da minha visita?

b) Vou te explicar os **porquês** do cancelamento da viagem.

2 Leia o texto informativo e complete-o com **porque** ou **por que**.

.... temos soluços?

Soluçamos ou .... comemos muito ou .... engolimos muito rápido. Hic, hic, o grande músculo que fica sob os pulmões, o diafragma, se contrai bruscamente bem no meio da inspiração. O ar que sai faz um barulho violento na garganta. Hic, hoc.

Meu 1º Larousse dos porquês. Tradução de Ricardo Lísias. São Paulo: Larousse do Brasil, 2004.

3 Complete as falas dos balões com **por que**, **por quê**, **porque** ou **porquê**.

VOCÊ NÃO PODE SAIR AGORA .... ?

AQUI ESTÁ CHOVENDO MUITO...

.... VOCÊ NÃO FOI AO JOGO ONTEM?

.... ESTUDEI O DIA TODO.

27 CONJUNÇÃO

Leia o seguinte texto e observe a palavra destacada.

Cientistas desenvolvem projetos para reaproveitar o óleo que está poluindo o litoral do Nordeste

Desde que a primeira mancha de óleo foi observada, no dia 30 de agosto no estado da Paraíba, municípios e governos estaduais tentam combater o pior desastre ambiental já registrado na região: mais de 250 locais, que incluem praias e reservas ambientais, já foram contaminados pelo vazamento, cuja origem ainda não foi oficialmente esclarecida. Já foram recolhidas mais de mil toneladas do resíduo, **mas** a questão que fica é: qual será o destino desse óleo todo? [...]

Galileu, ed. 340, São Paulo: Globo, nov. 2019. p. 10.

A palavra **mas** liga frases; ela é uma **conjunção**. Observe:

Já foram recolhidas mais de mil toneladas do resíduo,

mas a questão que fica é: qual será o destino desse óleo todo?

Conjunção é a palavra invariável que liga frases ou termos de uma frase.

Veja outros exemplos.

A flor **e** o vaso ficaram encharcados.

conjunção (ligando termos de uma frase)

Ganhei um livro de aventuras **e** o li no mesmo dia.

conjunção (ligando duas frases)

Conheça algumas conjunções.

e, nem, mas, porém, contudo, no entanto, logo, portanto, ou, por isso, ora... ora, pois, todavia, que, porque, já que, como, se, caso, embora, conforme, para que, a fim de que, logo que, assim que, mesmo que

Atividades

1 Complete as frases com as conjunções do quadro.

porque	que	por isso
logo que	e	porém

a) Os alunos ficaram contentes .... irão ao museu.

b) Quero comprar um novo celular, ... não tenho dinheiro.

c) Ninguém esperava .... o time ganhasse o troféu.

d) Lucas, Edu .... Mariana saíram mais cedo.

e) Joana queria comprar um vestido, ... ela economizou dinheiro e conseguiu o que queria.

f) Começou a chover .... eu cheguei.

2 Contorne as conjunções nos títulos dos livros abaixo.

- Agora, complete.

a) No título **O menino e o pássaro**, a conjunção .... expressa ideia de acréscimo.

b) No título **Amigos, mas nem tanto!**, a conjunção .... expressa uma ideia oposta à anterior.

c) No título **Cara ou coroa?**, a conjunção .... exprime ideia de exclusão.

3 Observe as conjunções destacadas e complete cada frase escrevendo outra frase.

a) As provas terminaram mais cedo **e** ....
....

b) Começaremos a reunião **assim que** ....
....

c) Iremos à praia **mesmo que** ....
....

4 Leia a frase.

Ler é **como** viajar sem sair do lugar.

- Agora, faça um **X** na opção correta.

A conjunção **como** na frase indica ideia de:

☐ oposição.   ☐ comparação.   ☐ acréscimo.

5 Reescreva as frases ligando as duas frases com uma conjunção do quadro.

> pois   porque

a) A seca se agravou. Não chove há muito tempo.

....

....

b) A menina está alegre. É seu aniversário.

....

....

c) A classe está em festa. O fim do ano chegou.

....

....

d) O carro parou. O combustível acabou.

....

....

Ortografia: mas, mais

Leia.

Mas indica ideia contrária, oposição. Equivale a **porém**.
Mais indica quantidade. Tem sentido oposto ao de **menos**.

1 Agora, complete as frases com **mais** ou **mas**.

a) Ele tentou nadar, ... ficou com medo.

b) Sua ideia parece boa, ... não é possível neste momento.

c) Na minha turma há .... meninos do que meninas.

2 Leia os provérbios e complete-os com **mas** ou **mais**.

a) .... vale um pássaro na mão do que dois voando.

b) A água silenciosa é a .... perigosa.

c) A grama do vizinho é sempre .... verde do que a nossa.

- As palavras que você escreveu são:

  ☐ advérbios.

  ☐ conjunções.

3 Leia o texto a seguir e complete os espaços com **mais** ou **mas**.

Como comecei a escrever

Quando eu tinha 10 anos, ao narrar a um amigo uma história que havia lido, inventei para ela um fim diferente, que me parecia melhor. Resolvi então escrever as minhas próprias histórias.

Durante o meu curso de ginásio, fui estimulado pelo fato de ser sempre dos melhores em Português e dos piores em Matemática – o que, para mim, significava que eu tinha jeito para escritor.

Naquela época os programas de rádio faziam tanto sucesso quanto os de televisão hoje em dia, e uma revista semanal do Rio, especializada em rádio, mantinha um concurso permanente de crônicas sob o título "O que pensam os rádio-ouvintes". Eu tinha 12, 13 anos, e não pensava grande coisa, ... minha irmã Berenice me animava a concorrer, passando à máquina as minhas crônicas e mandando-as para o concurso. Mandava várias por semana, e era natural que volta e meia uma fosse premiada.

Passei a escrever contos policiais, influenciado pelas minhas leituras do gênero. Meu autor predileto era Edgar Wallace. Pouco depois passaria a viver sob a influência do livro .... sensacional que já li na minha vida, que foi o *Winnetou*, de Karl May, cujas aventuras procurava imitar nos meus escritos.

A partir dos 14 anos comecei a escrever histórias "............ sérias", com pretensão literária. Muito me ajudou, neste início de carreira, ter aprendido datilografia na velha máquina Remington do escritório de meu pai. E a mania que passei a ter de estudar gramática e conhecer bem a língua me foi bastante útil.

.... nada se pode comparar à ajuda que recebi nesta primeira fase dos escritores de minha terra Guilhermino César, João Etienne Filho e Murilo Rubião – e, um pouco .... tarde, de Marques Rebelo e Mário de Andrade, por ocasião da publicação do meu primeiro livro, aos 18 anos.

De tudo, o .... precioso à minha formação, todavia, talvez tenha sido a amizade que me ligou desde então e pela vida afora a Hélio Pellegrino, Otto Lara Resende e Paulo Mendes Campos, tendo como inspiração comum o culto à Literatura.

Como comecei a escrever, de Fernando Sabino. São Paulo: Ática, 1980. (Para gostar de ler, v. 4).

EXPLORANDO O TEMA...

Alimentação saudável

Leia, no texto a seguir, informações sobre como montar uma lancheira saudável.

Lancheira saudável

Triiiim... O sinal anuncia o recreio e logo começa a agitação. Afinal, é hora de brincar e lanchar! Humm! Se você já começou a salivar pensando em biscoitos recheados ou pizzas, saiba que, apesar de gostosas, essas comidas não são as mais indicadas para nossos lanches diários.

"Esses alimentos são de alto valor calórico e baixo valor nutritivo", alerta a nutricionista Maria Lucia Polônio, professora da Universidade Federal do Estado do Rio de Janeiro (Unirio). Em outras palavras, eles possuem muitas calorias – que são fundamentais para termos energia, mas que, em excesso, podem nos trazer uns quilinhos a mais – e poucos nutrientes como vitaminas e minerais.

Um lanche saudável deve ter valor calórico moderado e valor nutritivo bem alto. Encontramos essas características em alimentos como frutas, legumes, verduras e cereais. Mas não vá desde já torcer o nariz: as comidas saudáveis, ao contrário do que muita gente pensa, podem ser muito saborosas. Que tal experimentar?

[...] podemos estranhar alguns alimentos quando os provamos pela primeira vez, mas, com o passar do tempo, nos acostumamos com o sabor e passamos até a achá-los gostosos. [...]

Ciência Hoje das Crianças. Lancheira saudável. 22 jul. 2013. Disponível em: <http://chc.org.br/lancheira-saudavel/>. Acesso em: 20 jan. 2019.

Refletindo sobre o tema

1 Considerando as informações do texto, o seu lanche é saudável?

2 Releia este trecho do texto.

[...] podemos estranhar alguns alimentos quando os provamos pela primeira vez, **mas**, com o passar do tempo, nos acostumamos com o sabor **e** passamos até a achá-los gostosos.

a) Nesse trecho, a conjunção **mas** indica a ideia de:

☐ acréscimo.   ☐ conclusão.   ☐ oposição.

b) E a conjunção **e** indica a ideia de:

☐ acréscimo.   ☐ oposição.   ☐ exclusão.

- Você já provou algum alimento de que não gostou, mas depois passou a achá-lo gostoso? Qual?

3 De acordo com as informações do texto, complete as frases a seguir com a conjunção adequada.

a) Biscoitos recheados são gostosos, _____

_____ não são opções saudáveis.

b) Devemos evitar guloseimas nos lanches, _____ elas têm muitas calorias e poucos nutrientes.

Ampliando e mobilizando ideias

4 Você e seus colegas vão criar um Guia da lancheira saudável!

- Em grupo, pesquisem em jornais, revistas ou na internet alimentos mais indicados para consumir entre as refeições principais.

- Procurem possíveis substituições para produtos industrializados e pouco nutritivos.

- Elaborem, com imagens e texto divertido, um guia com orientações para montar uma lancheira saudável e escolher as melhores opções de lanche na cantina da escola.

- Em dia combinado com o professor, apresentem o guia à turma e compartilhem com os colegas o que descobriram.

PENSAR, REVISAR, REFORÇAR

1 Observe as imagens.

Tibica: o defensor da natureza, de Canini. São Paulo: Formato, 2010.

a) O que representa a imagem A? E a imagem B?

b) Qual é a única palavra existente nas imagens?

c) Explique o significado da palavra na imagem B.

- Essa palavra poderia ter sido utilizada na imagem A com esse mesmo significado? Por quê?

d) Escreva uma frase estabelecendo uma comparação de superioridade entre as imagens A e B.

....

....

....

e) Reescreva a frase substituindo as palavras destacadas por um só adjetivo.

> Acho **muito bela** uma floresta conservada!

....

....

f) Escreva um breve texto, no caderno, chamando a atenção das pessoas para o grave problema existente na imagem B. Use pelo menos um pronome demonstrativo, um adjetivo pátrio, um adjetivo no grau superlativo e uma conjunção.

2 Complete com **mais** ou **mas**.

a) A vegetação é importante para os seres vivos, ... não é preservada em muitos lugares

b) Precisamos cuidar .... dos recursos naturais.

3 Complete as frases com as palavras do quadro, fazendo a concordância entre artigo, substantivo e adjetivo.

> uma   solar   o   renováveis   a   os

a) .... vegetais são exemplos de recursos ....

b) .... luz .... é fundamental para .... desenvolvimento de .... árvore.

UNIDADE 4
VERBOS E ESTRUTURA DAS FRASES

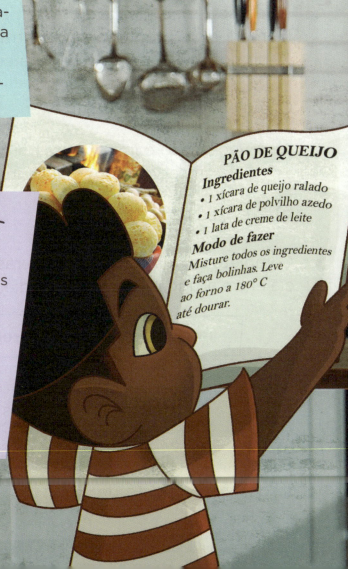

Entre nesta roda

- Você já ajudou seus familiares a preparar uma receita? Como foi?
- Na sua opinião, é importante comparar preços ao comprar produtos para preparar uma receita? Por quê?
- Na cena ilustrada há alguma promoção? Qual?

Nesta Unidade vamos estudar...

- Verbo
- Conjugação verbal: tempos e modos
- Verbos auxiliares
- Verbos irregulares
- Advérbio e locução adverbial
- Oração, sujeito e predicado
- Interjeição

28 VERBO

Você já conhece o personagem Armandinho? Leia a tirinha.

Armandinho sete, de Alexandre Beck. Florianópolis: A. C. Beck, 2015. p. 19.

- Quais palavras na tirinha indicam ações? Contorne-as.
- Como você contaria a um colega o que foi narrado na história?

_____

_____

_____

As palavras **criar**, **dobrando** e **usar** exprimem ações. Elas são **verbos**. Agora, leia este quadro.

	Verbo	Indica
Lia **almoçará** com a avó hoje.	almoçará	ação
Você **está** linda com essa roupa.	está	estado
O pequeno menino **virou** um belo rapaz.	virou	estado
Meus amigos **são** leais.	são	estado
Choveu muito forte ontem.	choveu	fenômeno da natureza

Verbo é a palavra usada para indicar ação, estado ou fenômeno da natureza.

Os verbos mudam de forma para indicar a pessoa (1ª, 2ª ou 3ª) e o número (singular ou plural). Veja o quadro.

Pessoa	Número
1ª pessoa (quem fala)	singular — Eu **brinco**.
	plural — Nós **brincamos**.
2ª pessoa (com quem se fala)	singular — Tu **brincas**? / Você **brinca**?
	plural — Vós **brincais**? / Vocês **brincam**?
3ª pessoa (de quem se fala)	singular — Ela **brinca** no parque.
	plural — Eles sempre **brincam** juntos.

Observe os verbos destacados nas falas.

Os verbos variam também para indicar o **modo** como a ação ocorre.

- A forma verbal **coloco** indica uma certeza; está no **modo indicativo**.
- A forma verbal **ajude** indica possibilidade; está no **modo subjuntivo**.
- A forma verbal **tome** expressa um pedido, uma ordem; está no **modo imperativo**.

Leia o diálogo.

— Você já **pediu** desculpas a seus amigos? Eles **estão** chateados.
— Ainda não, mas **pedirei** amanhã.

Os verbos variam também para indicar tempo. A forma verbal **pediu** refere-se ao passado; a forma verbal **estão** refere-se ao presente; a forma verbal **pedirei** refere-se ao **futuro**.

Veja os quadros dos tempos verbais nos modos indicativo e subjuntivo.

Modo indicativo			
Tempos verbais			
Presente		Indica uma ação que está ocorrendo ou que ocorre sempre.	Eu **danço**.
Passado	Pretérito perfeito	Indica um fato já ocorrido, concluído.	Camila **dançou** bastante ontem.
Passado	Pretérito imperfeito	Indica um fato passado, mas que não foi concluído.	Quando era criança, **dançava** bastante.
Passado	Pretérito mais-que-perfeito	Indica uma ação passada já concluída	Quando a apresentação começou, eu já **dançara** bastante.
Futuro	Futuro do presente	Indica um fato que se realizará após o momento em que se fala, tomado como certo ou provável.	Amanhã ela **dançará**.
Futuro	Futuro do pretérito	Indica um acontecimento não realizado que ocorreria mediante uma condição.	Júlio **dançaria** se não fosse tímido.

Modo subjuntivo		
Tempos verbais		
Presente	Indica uma ação que provavelmente vai ocorrer.	Meus pais esperam **que eu passe** de ano.
Pretérito imperfeito	Indica uma ação que deveria ter ocorrido anteriormente ao momento em que se fala.	**Se ela me ouvisse**, teria estudado mais.
Futuro	Indica uma ação possível, mas que ainda não ocorreu até o momento em que se fala.	**Quando ela chegar**, nós sairemos.

Atividades

1 Contorne no poema abaixo as palavras que indicam ações.

Lista pessoal

Comprar pão

Preencher ficha de matrícula

Ir a São Paulo

Marcar consulta do dentista

Trocar a pilha do controle remoto

Responder ao e-mail que ficou faltando

Apanhar a roupa na lavanderia

Pagar conta de luz e gás

Levar o cachorro para passear

Estudar para a prova

Conseguir o telefone da Dora

Buscar a prancha na oficina

Não necessariamente nessa ordem

Ufa!

Quanta coisa cansativa

Isso é uma roda-viva

Acho que vou adiar

E ficar de pernas pro ar

Brinco de listas, de Ana Maria Machado. São Paulo: Gaudí Editorial, 2019. p. 9.

- Qual é a classe gramatical das palavras que você contornou?

....

2 Leia as frases e contorne os verbos.

a) O atleta correu muito bem, por isso venceu.

b) Eu me encontrava na rua quando choveu.

- Agora, escreva nos quadrinhos:

> A → se o verbo indicar ação;
> E → se o verbo indicar estado;
> F → se o verbo indicar fenômeno da natureza.

3 Complete as frases com formas dos verbos indicados entre parênteses.

a) Nós nos _____ ontem à noite. (encontrar)

b) Nossa escola _____, atualmente, aula de informática. Todos os alunos _____ contentes!
(oferecer — estar)

c) _____ já e _____ um bom desconto.
(comprar — garantir)

- Complete as informações.

  Os verbos _____, _____ e _____ estão no modo indicativo.

  Os verbos _____ e _____ estão no modo imperativo.

4 Leia as frases e observe os verbos destacados. Depois, pinte os quadrinhos conforme o código.

▬ Verbo que indica certeza (modo indicativo).
▬ Verbo que indica possibilidade (modo subjuntivo).
▬ Verbo que indica pedido (modo imperativo).

☐ Se os alunos **lessem** mais, teriam mais facilidade para escrever.

☐ Eu **gosto** muito de ir ao cinema!

☐ Não **conversem** durante a prova!

☐ Eu **acordei** atrasado para ir à escola.

☐ Se **acordarmos** mais cedo, veremos o Sol nascer.

☐ André, **levante-se!**

Ortografia: -izar, -isar

Leia e observe.

VOCÊ VAI **PRECISAR** DE MUITO TREINO PARA **REALIZAR** SEU SONHO DE SER CAMPEÃO.

preciso → palavra primitiva com **s**
precisar → verbo termina em **-isar**

real → palavra primitiva sem **s**
realizar → verbo termina em **-izar**

1 Complete o quadro. Veja o exemplo.

Palavra primitiva	Verbo	Substantivo
moderno	modernizar	modernização
improviso		
final		
civil		
paralisia		
valor		

2 Complete cada item com verbos terminados em **-isar** ou **-izar**.

a) Tornar eterno é o mesmo que _____.

b) Dar um aviso é o mesmo que _____.

c) Tornar liso é o mesmo que _____.

d) Tornar atual é o mesmo que _____.

NO DIA A DIA

1 Os verbos no tempo presente podem expressar ações que realizamos no cotidiano. Complete as frases com algumas ações do seu dia a dia e confirme essa informação. Lembrete: use verbos das três conjugações.

a) Eu _____ os dentes pelo menos três vezes ao dia.

b) Eu _____ banho todos os dias.

c) Eu _____ à escola de segunda-feira a sexta-feira.

d) Eu _____ sempre ao meio-dia.

e) Eu _____ todas as noites com a minha família.

f) Eu _____ sempre à tarde.

g) Eu _____ cedo todos os dias.

h) Eu _____ lição à tarde.

i) Eu _____ nos fins de semana.

j) Eu _____ todos os dias com meus colegas.

k) Eu _____ a programas na TV à tarde.

l) Eu _____ à noite.

2 Alguns verbos indicam o som emitido pelos animais. Faça uma pesquisa sobre os animais das fotos abaixo e escreva os verbos correspondentes aos sons que eles produzem. Consulte o quadro.

| mugir   rugir   grunhir   zunir |
| grugulejar   piar   grasnar   cacarejar   coaxar |

223

29 CONJUGAÇÃO VERBAL: TEMPOS E MODOS

Leia a sinopse do livro **Mais um pai**, de Julio Ludemir, e observe os verbos destacados.

> Bernardo leva uma vida boa ao lado da mãe e do padrasto. Ele está prestes a **fazer** 10 anos e não consegue **decidir** o que quer de presente de aniversário. Por fim, diz que gostaria de conhecer seu pai biológico. Mas como sua mãe vai **lidar** com essa situação?
>
> Catálogo de literatura infantil e informativos Ática/Scipione, 2016.

Os verbos **lidar**, **fazer** e **decidir** terminam em **-ar**, **-er**, **-ir**. Dizemos que eles estão no **infinitivo**.

Os verbos agrupam-se em três conjugações, conforme a terminação do seu infinitivo:

- **1ª conjugação**: verbos terminados em **-ar**. Exemplos: lid**ar**, cant**ar**, toc**ar**, am**ar**, estud**ar**.
- **2ª conjugação**: verbos terminados em **-er**. Exemplos: faz**er**, corr**er**, vend**er**, sab**er**, com**er**.
- **3ª conjugação**: verbos terminados em **-ir**. Exemplos: decid**ir**, part**ir**, divid**ir**, sorr**ir**, color**ir**.

Conjugar um verbo é expressá-lo em todas as formas que ele possui. Observe os balões:

EU **JOGO** BOLA.

ELE **JOGA** BOLA.

NÓS **JOGAMOS** BOLA.

Observe nos quadros a seguir o modelo das três conjugações.

| 1ª conjugação → lav**ar** | 2ª conjugação → corr**er** | 3ª conjugação → part**ir** |

A seguir, o modelo de conjugação desses verbos regulares.

Modo indicativo

	Presente			Pretérito imperfeito		
Eu	lav-o	corr-o	part-o	lav-ava	corr-ia	part-ia
Tu	lav-as	corr-es	part-es	lav-avas	corr-ias	part-ias
Ele/Ela	lav-a	corr-e	part-e	lav-ava	corr-ia	part-ia
Nós	lav-amos	corr-emos	part-imos	lav-ávamos	corr-íamos	part-íamos
Vós	lav-ais	corr-eis	part-is	lav-áveis	corr-íeis	part-íeis
Eles/Elas	lav-am	corr-em	part-em	lav-avam	corr-iam	part-iam

	Pretérito perfeito			Pretérito mais-que-perfeito		
Eu	lav-ei	corr-i	part-i	lav-ara	corr-era	part-ira
Tu	lav-aste	corr-este	part-iste	lav-aras	corr-eras	part-iras
Ele/Ela	lav-ou	corr-eu	part-iu	lav-ara	corr-era	part-ira
Nós	lav-amos	corr-emos	part-imos	lav-áramos	corr-êramos	part-íramos
Vós	lav-astes	corr-estes	part-istes	lav-áreis	corr-êreis	part-íreis
Eles/Elas	lav-aram	corr-eram	part-iram	lav-aram	corr-eram	part-iram

	Futuro do presente			Futuro do pretérito		
Eu	lav-arei	corr-erei	part-irei	lav-aria	corr-eria	part-iria
Tu	lav-arás	corr-erás	part-irás	lav-arias	corr-erias	part-irias
Ele/Ela	lav-ará	corr-erá	part-irá	lav-aria	corr-eria	part-iria
Nós	lav-aremos	corr-eremos	part-iremos	lav-aríamos	corr-eríamos	part-iríamos
Vós	lav-areis	corr-ereis	part-ireis	lav-aríeis	corr-eríeis	part-íreis
Eles/Elas	lav-arão	corr-erão	part-irão	lav-ariam	corr-eriam	part-iriam

Na conjugação do presente do subjuntivo geralmente usa-se **que** (que eu lave); na do pretérito imperfeito, usa-se **se** (se eu lavasse); e, na do futuro, usa-se **quando** (quando eu lavar).

Modo subjuntivo

	Presente		
Que eu	lav-e	corr-a	part-a
Que tu	lav-es	corr-as	part-as
Que ele/ela	lav-e	corr-a	part-a
Que nós	lav-emos	corr-amos	part-amos
Que vós	lav-eis	corr-ais	part-ais
Que eles/elas	lav-em	corr-am	part-am

	Pretérito imperfeito		
Se eu	lav-asse	corr-esse	part-isse
Se tu	lav-asses	corr-esses	part-isses
Se ele/ela	lav-asse	corr-esse	part-isse
Se nós	lav-ássemos	corr-êssemos	part-íssemos
Se vós	lav-ásseis	corr-êsseis	part-ísseis
Se eles/elas	lav-assem	corr-essem	part-issem

	Futuro		
Quando eu	lav-ar	corr-er	part-ir
Quando tu	lav-ares	corr-eres	part-ires
Quando ele/ela	lav-ar	corr-er	part-ir
Quando nós	lav-armos	corr-ermos	part-irmos
Quando vós	lav-ardes	corr-erdes	part-irdes
Quando eles/elas	lav-arem	corr-erem	part-irem

Modo imperativo

Afirmativo		
–	–	–
Lav-a tu	Corr-e tu	Part-e tu
Lav-e você	Corr-a você	Part-a você
Lav-emos nós	Corr-amos nós	Part-amos nós
Lav-ai vós	Corr-ei vós	Part-i vós
Lav-em vocês	Corr-am vocês	Part-am vocês

Negativo		
-	-	-
Não lav-es tu	Não corr-as tu	Não part-as tu
Não lav-e você	Não corr-a você	Não part-a você
Não lav-emos nós	Não corr-amos nós	Não part-amos nós
Não lav-eis vós	Não corr-ais vós	Não part-ais vós
Não lav-em vocês	Não corr-am vocês	Não part-am vocês

Formas nominais	Infinito	lavar	correr	partir
	Gerúndio	lavando	correndo	partindo
	Particípio	lavado	corrido	partido

Para formar o **imperativo afirmativo**, usamos a 2ª pessoa do singular (**tu**) e a 2ª pessoa do plural (**vós**) do presente do indicativo, eliminando o **s** final. As formas das outras pessoas vêm do presente do subjuntivo. Veja no quadro.

Presente do indicativo		Imperativo afirmativo		Presente do subjuntivo
Eu lavo		-		Que eu lave
Tu **lavas**	→ -s	**lava** (tu)		Que tu laves
Ele/ela lava		lave você	←	Que ele/ela **lave**
Nós lavamos		lavemos nós	←	Que nós **lavemos**
Vós **lavais**	→ -s	**lavai** (vós)		Que vós laveis
Eles/elas lavam		lavem vocês	←	Que eles/elas **lavem**

Para formar o **imperativo negativo**, usamos as formas do presente do subjuntivo com o acréscimo da palavra **não**. Exemplos: **não fales** tu, **não fale** você, etc.

Não se conjuga a 1ª pessoa do singular (eu) no imperativo.

Atividades

1 Distribua os verbos nas colunas de acordo com a conjugação a que pertencem.

falar	construir	trazer	pular
tropeçar	comer	vender	tossir
fugir	mentalizar	fazer	cair

1ª conjugação	2ª conjugação	3ª conjugação

2 Leia uma pequena biografia do escritor Monteiro Lobato.

José Bento Monteiro Lobato **nasceu** em 18 de abril de 1882, em Taubaté, interior de São Paulo. É considerado o criador da literatura infantil brasileira. Os personagens que **criou** para o Sítio do Picapau Amarelo (sua obra mais famosa) **fizeram** muito sucesso no passado e até hoje **continuam** a encantar o público infantil e adulto. São eles: Emília, uma boneca de pano que **tem** sentimentos; Pedrinho, menino com o qual o autor se **identificava** quando criança; Visconde de Sabugosa, a sábia espiga de milho; Cuca, a vilã que **aterroriza** todos no sítio, e muitos outros. Monteiro Lobato **morreu** em 4 de julho de 1948.

Texto dos autores.

- Copie no caderno os verbos destacados e indique em que tempo eles estão.

3 Complete a receita com os verbos que estão faltando. **Dica:** Eles devem estar no modo imperativo.

Sanduíche rápido

Ingredientes
1 pãozinho
1 colher (sopa) de requeijão
2 fatias de presunto

Modo de fazer
_____ o pãozinho ao meio.
_____ o requeijão nas duas partes do pão.
_____ o presunto no meio e junte as duas partes.
Está pronto o sanduíche!

4 Leia o diálogo.

BIA, FAÇA SUA LIÇÃO ANTES QUE **FIQUE** TARDE.

QUANDO ESSE DESENHO **ACABAR**, EU FAÇO, MAMÃE.

a) Em que tempo e modo está o verbo destacado na fala da mãe?

b) E o verbo destacado na fala da menina?

DE OLHO NO DICIONÁRIO

1 Observe as cenas e leia os balões.

a) Para saber o significado de **diagnosticou**, qual palavra deve ser pesquisada no dicionário?

....

b) Procure essa palavra no dicionário e explique o sentido dela na situação acima.

....

2 Escreva os verbos destacados na forma em que eles são encontrados no dicionário.

a) **Chove** muito na minha cidade. _____

b) Como **venta** nesta avenida! _____

c) **Neva** bastante nos Alpes suíços. _____

d) O dia **amanheceu** nublado. _____

e) **Trovejava** forte quando chegamos em casa. _____

f) **Geou** a noite toda em Santa Catarina. _____

g) Quando saí da escola **garoava** fraquinho. _____

h) No inverno **anoitece** mais cedo do que no verão. _____

- Complete a informação.
  Os verbos acima indicam _____.

3 Leia as palavras e escreva **S** para substantivo e **V** para verbo.

☐ tambor	☐ zelador	☐ compor
☐ zombar	☐ viver	☐ mentir
☐ pintar	☐ zelar	☐ lenhador
☐ querer	☐ pintor	☐ hangar
☐ refrigerador	☐ radar	☐ crescer
☐ receitar	☐ interior	☐ flor

- Complete a informação.
  Os verbos que você marcou estão no modo _____.

Ortografia -ice, -isse; -ram, -rão

1 Leia as palavras do quadro e distribua-as nas colunas adequadas.

| tolice | disse | chatice |
| abrisse | subisse | burrice |

Verbo	Substantivo

a) As palavras terminadas em **-isse** são:

☐ substantivos.   ☐ verbos.

b) As palavras terminadas em **-ice** são:

☐ substantivos.   ☐ verbos.

2 Complete as frases com os verbos entre parênteses conjugados no pretérito imperfeito do subjuntivo.

a) Seria bom se você _____ mais alto. Assim, todos poderiam ouvir sua bela voz! (cantar)

b) Seria maravilhoso se todas as crianças _____ os brinquedos que têm. (dividir)

c) Se você _____ mais, ficaria ainda mais bonita! (sorrir)

3 Forme substantivos a partir dos adjetivos abaixo. Veja o exemplo.

- guloso: *gulodice*
- chato: _____
- criança: _____
- menino: _____

4 Complete as palavras com **-isse** ou **-ice**.

a) sent............   c) ca............   e) velh............

b) fo............   d) ouv............   f) dorm............

5 Observe os verbos.

estuda**ram** → passado (pretérito perfeito). É paroxítona.
estuda**rão** → futuro (futuro do presente). É oxítona.

• Agora, reescreva as frases abaixo passando o verbo para o futuro.

a) Marta e Daniel estudaram juntos.

....

b) As lojas não abriram no feriado.

....

6 Forme uma frase com o que se pede em cada item.

a) Verbo **vencer**, futuro do presente, 3ª pessoa do plural.

....

b) Verbo **partir**, pretérito perfeito, 3ª pessoa do plural.

....

7 Leia os verbos em voz alta e marque um **X** nas colunas corretas. Veja o exemplo.

Verbo	Sílaba tônica	Classificação		Tempo	
		Oxítona	Paroxítona	Pretérito	Futuro
aceitaram	ta		X	X	
completarão					
despertaram					
ganharão					

30 VERBOS AUXILIARES

Leia e observe.

está   fazendo (do verbo **fazer**)

estou   **construindo** (do verbo **construir**)

| verbo auxiliar | verbo principal |

Os verbos **fazer** e **construir** são chamados de **verbos principais**. Eles dão significado à frase e são "auxiliados" pelo verbo **estar**. **Estar** é um **verbo auxiliar**.

Os principais verbos auxiliares são: **ser**, **estar**, **ter** e **haver**.

> **Verbo auxiliar** é aquele que acompanha outro verbo, chamado de principal, para expressar uma única ação verbal.

A expressão formada por um verbo auxiliar + um verbo principal é chamada de **locução verbal**. Veja.

O bebê **está** **dormindo**.

| verbo auxiliar | verbo principal |

Está dormindo é uma locução formada por dois verbos: **está** (verbo **estar**) e **dormindo** (verbo **dormir**).

Em uma locução verbal, conjuga-se apenas o verbo auxiliar:

Está dormindo.   **Estão** dormindo.   **Estamos** dormindo.

O verbo principal vem sempre em uma das formas nominais:

infinitivo: **dormir**   gerúndio: **dormindo**   particípio: **dormido**

Veja, a seguir, a conjugação dos verbos auxiliares **ser**, **estar**, **ter** e **haver**.

Modo indicativo

	Presente				Pretérito imperfeito			
Eu	sou	estou	tenho	hei	era	estava	tinha	havia
Tu	és	estás	tens	hás	eras	estavas	tinhas	havias
Ele/Ela	é	está	tem	há	era	estava	tinha	havia
Nós	somos	estamos	temos	havemos	éramos	estávamos	tínhamos	havíamos
Vós	sois	estais	tendes	haveis	éreis	estáveis	tínheis	havíeis
Eles/Elas	são	estão	têm	hão	eram	estavam	tinham	haviam

	Pretérito perfeito				Pretérito mais-que-perfeito			
Eu	fui	estive	tive	houve	fora	estivera	tivera	houvera
Tu	foste	estiveste	tiveste	houveste	foras	estiveras	tiveras	houveras
Ele/Ela	foi	esteve	teve	houve	fora	estivera	tivera	houvera
Nós	fomos	estivemos	tivemos	houvemos	fôramos	estivéramos	tivéramos	houvéramos
Vós	fostes	estivestes	tivestes	houvestes	fôreis	estivéreis	tivéreis	houvéreis
Eles/Elas	foram	estiveram	tiveram	houveram	foram	estiveram	tiveram	houveram

	Futuro do presente				Futuro do pretérito			
Eu	serei	estarei	terei	haverei	seria	estaria	teria	haveria
Tu	serás	estarás	terás	haverás	serias	estarias	terias	haverias
Ele/Ela	será	estará	terá	haverá	seria	estaria	teria	haveria
Nós	seremos	estaremos	teremos	haveremos	seríamos	estaríamos	teríamos	haveríamos
Vós	sereis	estareis	tereis	havereis	seríeis	estaríeis	teríeis	haveríeis
Eles/Elas	serão	estarão	terão	haverão	seriam	estariam	teriam	haveriam

Modo subjuntivo

Presente

Que eu seja	Que eu esteja	Que eu tenha	Que eu haja
Que tu sejas	Que tu estejas	Que tu tenhas	Que tu hajas
Que ele/ela seja	Que ele/ela esteja	Que ele/ela tenha	Que ele/ela haja
Que nós sejamos	Que nós estejamos	Que nós tenhamos	Que nós hajamos
Que vós sejais	Que vós estejais	Que vós tenhais	Que vós hajais
Que eles/elas sejam	Que eles/elas estejam	Que eles/elas tenham	Que eles/elas hajam

Pretérito imperfeito

Se eu fosse	Se eu estivesse	Se eu tivesse	Se eu houvesse
Se tu fosses	Se tu estivesses	Se tu tivesses	Se tu houvesses
Se ele/ela fosse	Se ele/ela estivesse	Se ele/ela tivesse	Se ele/ela houvesse
Se nós fôssemos	Se nós estivéssemos	Se nós tivéssemos	Se nós houvéssemos
Se vós fôsseis	Se vós estivésseis	Se vós tivésseis	Se vós houvésseis
Se eles/elas fossem	Se eles/elas estivessem	Se eles/elas tivessem	Se eles/elas houvessem

Futuro

Quando eu for	Quando eu estiver	Quando eu tiver	Quando eu houver
Quando tu fores	Quando tu estiveres	Quando tu tiveres	Quando tu houveres
Quando ele/ela for	Quando ele/ela estiver	Quando ele/ela tiver	Quando ele/ela houver
Quando nós formos	Quando nós estivermos	Quando nós tivermos	Quando nós houvermos
Quando vós fordes	Quando vós estiverdes	Quando vós tiverdes	Quando vós houverdes
Quando eles/elas forem	Quando eles/elas estiverem	Quando eles/elas tiverem	Quando eles/elas houverem

Modo imperativo

Afirmativo

—	—	—	—
Sê tu	Está tu	Tem tu	Há tu
Seja você	Esteja você	Tenha você	Haja você
Sejamos nós	Estejamos nós	Tenhamos nós	Hajamos nós
Sede vós	Estai vós	Tende vós	Havei vós
Sejam vocês	Estejam vocês	Tenham vocês	Hajam vocês

Negativo			
—	—	—	—
Não sejas tu	Não estejas tu	Não tenhas tu	Não hajas tu
Não seja você	Não esteja você	Não tenha você	Não haja você
Não sejamos nós	Não estejamos nós	Não tenhamos nós	Não hajamos nós
Não sejais vós	Não estejais vós	Não tenhais vós	Não hajais vós
Não sejam vocês	Não estejam vocês	Não tenham vocês	Não hajam vocês

Formas nominais	Infinitivo	ser	estar	ter	haver
	Gerúndio	sendo	estando	tendo	havendo
	Particípio	sido	estado	tido	havido

Os verbos **ser**, **ter**, **haver** e **estar** podem aparecer sozinhos, sem um verbo principal. Nesse caso, não desempenham a função de verbo auxiliar. Veja a diferença.

Ana **está** contente.

está → verbo

Sofia **está lendo**.

está → verbo auxiliar

lendo → verbo principal

Atividades

1 Contorne as locuções verbais. Depois, pinte os quadrinhos que se relacionam aos verbos destacados. Siga as cores da legenda.

🖍 É verbo auxiliar.   🖍 Não é verbo auxiliar.

☐ ☐ Se eles **tivessem** comprado a casa, **teriam** feito um bom negócio.

☐ O quadro **foi** vendido por um preço alto.

☐ Marina **está** radiante com a apresentação de dança!

☐ Camila **está** cursando o 5º ano.

☐ Bruno morava com a tia **havia** cinco anos.

2 Complete as frases com os seguintes verbos auxiliares, fazendo a concordância.

| estar | ir | haver |

a) Meu irmão .... participando do campeonato.

b) Os atletas .... treinar semana passada.

c) O professor .... mandado as inscrições para a gincana de Matemática.

> Outros verbos também podem exercer a função de auxiliares, formando uma locução verbal com o verbo principal. Veja este exemplo:
>
> **Vou brincar** na calçada.   **Vou**   **brincar**
>
> locução verbal   verbo auxiliar   verbo principal

238

3 Leia esta HQ.

Curta o Menino Maluquinho 2, de Ziraldo. São Paulo: Globo, 2007.

a) Identifique as locuções verbais nos quadrinhos e copie-as.

....

b) Transforme a locução verbal "vai andar" em um verbo no tempo futuro.

....

Na fala, geralmente usamos uma locução verbal para indicar tempo futuro. Exemplo: **Vou ler** um gibi. ⟶ **Lerei** um gibi.

Ortografia  -em, -êm, -ém, -eem

Leia as frases e observe os verbos destacados.

O aluno **vem** de ônibus para a escola.

Os alunos **vêm** de ônibus para a escola.

O aluno se **mantém** de pé na fila.

Os alunos se **mantêm** de pé na fila.

Como você viu, o verbo **vir** recebe acento circunflexo na 3ª pessoa do plural do presente do indicativo: ele **vem**, eles **vêm**.

E o verbo **manter** recebe acento agudo na 3ª pessoa do singular do presente do indicativo e circunflexo na 3ª pessoa do plural do presente do indicativo: ele **mantém**, eles **mantêm**.

Já os verbos **crer**, **dar**, **ler** e **ver** têm a letra **e** duplicada na 3ª pessoa do plural. Veja estes e outros verbos no quadro.

Verbo	Singular	Plural
ter	ele/ela **tem**	eles/elas **têm**
vir	ele/ela **vem**	eles/elas **vêm**
crer	ele/ela **crê**	eles/elas **creem**
dar	(que) ele/ela **dê**	(que) eles/elas **deem**
ler	ele/ela **lê**	eles/elas **leem**
ver	ele/ela **vê**	eles/elas **veem**

1 Complete as frases com o verbo destacado, fazendo a concordância.

a) A menina **lê** a revista. As meninas .... a revista.

b) Ele **tem** aula amanhã. Eles .... aula amanhã.

c) Os meninos **vêm** correndo. O menino .... correndo.

d) A garrafa **contém** água. As garrafas .... água.

2 Reescreva as frases, passando-as para o plural. Faça a concordância.

a) Tomara que o experimento dê certo.

....

b) Meu pai sempre mantém a calma.

....

c) Você não vê que ainda está cedo?

....

3 Complete as frases com os verbos do quadro. Acentue-os quando necessário.

| vem | leem | de | cre | deem | creem |

a) No aviso do zoológico estava escrito: "Não .... comida aos animais".

b) Minha tia avisou que .... amanhã cedo.

c) Enquanto Júlio lê um livro, seus pais .... o jornal.

d) A professora disse: "Por favor, ... os bilhetes para seus pais".

e) Aquela menina .... em Papai Noel.

f) Vocês .... em um país melhor?

31 VERBOS IRREGULARES

Leia:

> Assim que amanhece, minha mãe **vem** me **chamar**.
>
> Tomo o meu café com leite e **vou** para a escola.

Os verbos podem ser classificados em **regulares** e **irregulares**.

Observe o verbo **chamar** conjugado em três tempos diferentes:

> presente → Eu chamo.
> pretérito perfeito → Eu chamei.
> futuro do presente → Eu chamarei.

Assim como a maioria dos verbos, o verbo **chamar** segue um modelo de conjugação e não sofre alteração em seu radical ao ser conjugado. Verbos como esse são chamados de **verbos regulares**.

Agora, observe os verbos **vir** e **ir** conjugados em alguns tempos.

Verbo **vir**
presente → Eu venho.
pretérito perfeito → Eu vim.
futuro do presente → Eu virei.

Verbo **ir**
presente → Eu vou.
pretérito perfeito → Eu fui.
futuro do presente → Eu irei.

Esses verbos possuem formas bem diferentes umas das outras, ou seja, não seguem um modelo de conjugação. Além disso, sofrem alterações no radical ao ser conjugados. Verbos como esses são chamados de **verbos irregulares**.

Conheça na página a seguir a conjugação de alguns verbos irregulares.

Modo indicativo

	Verbo fazer (2ª conjugação)					
	Presente	Pretérito imperfeito	Pretérito perfeito	Pretérito mais-que-perfeito	Futuro do presente	Futuro do pretérito
Eu	faço	fazia	fiz	fizera	farei	faria
Tu	fazes	fazias	fizeste	fizeras	farás	farias
Ele/Ela	faz	fazia	fez	fizera	fará	faria
Nós	fazemos	fazíamos	fizemos	fizéramos	faremos	faríamos
Vós	fazeis	fazíeis	fizestes	fizéreis	fareis	faríeis
Eles/Elas	fazem	faziam	fizeram	fizeram	farão	fariam

Formas nominais	Infinitivo	Gerúndio	Particípio
	fazer	fazendo	feito

	Verbo pôr (2ª conjugação)					
	Presente	Pretérito imperfeito	Pretérito perfeito	Pretérito mais-que-perfeito	Futuro do presente	Futuro do pretérito
Eu	ponho	punha	pus	pusera	porei	poria
Tu	pões	punhas	puseste	puseras	porás	porias
Ele/Ela	põe	punha	pôs	pusera	porá	poria
Nós	pomos	púnhamos	pusemos	puséramos	poremos	poríamos
Vós	pondes	púnheis	pusestes	puséreis	poreis	poríeis
Eles/Elas	põem	punham	puseram	puseram	porão	poriam

Formas nominais	Infinitivo	Gerúndio	Particípio
	pôr	pondo	posto

O verbo **pôr** e seus derivados (compor, repor, dispor, etc.) são considerados verbos da 2ª conjugação porque a antiga forma de **pôr** era *poer*.

Atividades

1 Leia as frases e escreva o infinitivo dos verbos irregulares destacados.

a) Alice **é** alta. → verbo _____

b) Os alunos **foram** ao teatro. → verbo _____

c) Eu **tenho** computador. → verbo _____

d) **Diga** a ele que haverá prova amanhã. → verbo _____

e) As crianças **souberam** da festa ontem. → verbo _____

f) Os alunos já **vieram** do teatro. → verbo _____

2 Complete as frases com os verbos entre parênteses, de acordo com a indicação. **Dica:** Todos os verbos são irregulares e estão no modo indicativo.

a) Ele _____ ao clube todos os sábados. (ir — presente)

b) Clara _____ o livro se lembrasse onde ele foi guardado. (trazer — futuro do pretérito)

c) Meus pais sempre _____ às reuniões da escola. (vir — pretérito imperfeito)

d) Eu _____ quem _____ esta bagunça. (saber — presente/fazer — pretérito perfeito)

e) Tu _____ as compras na geladeira? (pôr — pretérito perfeito)

f) Os alunos _____ uma música para a festa da escola. (compor — futuro do presente)

g) Eu _____ meus brinquedos às crianças do orfanato no último domingo. (dar — pretérito perfeito)

3 Escreva as formas nominais dos verbos abaixo.

- puseram: ....
- viesse: ....
- fiz: ....
- iam: ....
- verei: ....
- comprou: ....

> As formas nominais são **infinitivo**, **gerúndio** e **particípio**.

4 Os verbos **compor** e **dispor** são derivados do verbo **pôr**. Complete as frases com esses verbos no presente do indicativo.

a) Eu agora .... uma canção. Tu .... agora uma canção também?

b) Ela .... sempre pela manhã!

c) Eu .... todos os livros em ordem alfabética.

d) Tu .... os livros na estante?

e) Ele .... os livros sobre a mesa.

5 Complete com os verbos irregulares entre parênteses no tempo adequado.

a) Ontem eu não .... a prova. (fazer)

b) Eu .... meu material na mochila todos os dias. (pôr)

c) Ele sempre .... um doce para sua irmã. (trazer)

d) Ontem eu fui à biblioteca e .... um livro de contos para ler. (trazer)

Ortografia — pôr, por

Leia o diálogo.

Compare a função das palavras destacadas.

Até passamos **por** sua cidade natal! — preposição

Tivemos de **pôr** casacos. — verbo

A preposição **por** não tem acento; o verbo **pôr** tem acento.

1 Classifique as palavras destacadas nas frases.

a) A encomenda passou **por** muitas cidades até ser entregue ao dono. _____

b) Não é melhor **pôr** essas frutas na geladeira? _____

c) Você passou **por** Campinas ao vir para São Paulo? _____

d) Que roupa você vai **pôr** esta noite? _____

2 Complete as frases com **por** (preposição) ou **pôr** (verbo).

a) A agência de empregos foi procurada _____ muita gente.

b) O dançarino foi aplaudido _____ toda a plateia.

c) A estudante resolveu _____ seus livros na estante.

d) Você vai _____ moedas no cofre?

e) Meu irmão comprou uma bicicleta _____ um bom preço.

f) É preciso _____ gelo no suco.

3 Leia estes balões e complete as lacunas com **pôr** ou **por**.

ESTOU FELIZ _____ PASSAR ESSA TARDE COM VOCÊ!

QUE BOM, MÃE! FICO FELIZ DE _____ A CONVERSA EM DIA.

4 Observe as figuras e forme uma frase com cada expressão.

| por aqui |

_____

_____

| pôr no |

_____

_____

32 ADVÉRBIO E LOCUÇÃO ADVERBIAL

Leia este trecho do livro **Diário de um banana**.

Antigamente, as pessoas eram **mais** duronas do que **hoje** em dia.

Mas os seres humanos evoluíram, e **agora** precisamos de coisas como escovas de dentes elétricas, *shoppings* e sorvetes de casquinha pra sobreviver.

Aposto que nossos ancestrais ficariam decepcionados com o que nos tornamos. Mas, **depois** que inventaram o ar-condicionado, **não** tem **mais** volta.

Ficamos tão mimados que daqui a pouco nem vamos precisar sair de casa se **não** quisermos.

> **Diário de um banana: bons tempos**, de Jeff Kinney. São Paulo: V&R Editoras, 2015.

Ancestrais: pessoas das quais outras descendem; antepassados.
Evoluíram: progrediram.

As palavras destacadas no texto são chamadas de **advérbios**. Veja as circunstâncias que eles indicam:

- **Tempo:** antigamente, hoje, agora, depois
- **Negação:** não
- **Intensidade:** mais

> **Advérbio** é uma palavra invariável que modifica um verbo, um adjetivo ou outro advérbio, acrescentando a eles alguma circunstância ou intensificando-os.

Os advérbios são classificados de acordo com a circunstância que expressam. Veja alguns deles no quadro.

Tempo	agora, hoje, ontem, amanhã, sempre, depois, nunca, jamais, cedo, tarde, já, diariamente, antigamente
Lugar	aqui, aí, ali, cá, lá, acolá, longe, perto, atrás, dentro
Modo	assim, bem, mal, depressa, devagar, rápido, melhor, pior (e muitos advérbios terminados em **-mente**: regularmente, gradativamente, vagarosamente, etc.)
Intensidade	muito, pouco, tão, tanto, bastante, mais, menos, demais, meio
Afirmação	sim, realmente, certamente, deveras, efetivamente
Negação	não, tampouco, nem
Dúvida	talvez, acaso, porventura, possivelmente, provavelmente

O advérbio pode modificar um verbo, um adjetivo ou outro advérbio. Veja.

Locução adverbial

Leia este balão.

Pela manhã e **com cuidado** são expressões que funcionam como advérbio:

pela manhã → matinalmente

com cuidado → cuidadosamente

Locução adverbial é o conjunto de duas ou mais palavras que exerce a mesma função de um advérbio.

Conheça algumas locuções adverbiais.

em cima de (lugar)   **com certeza** (modo)

de jeito nenhum (negação)   **de repente** (tempo)

de manhã (tempo)   **com atenção** (modo)

Atividades

1 Leia o texto e observe as palavras destacadas.

Nosso time costumava treinar **semanalmente** na quadra do parque. No final de **cada mês** ocorriam **ali** jogos emocionantes.

Hoje isso não acontece **mais**, pois a quadra está **muito** velha. **Talvez** os jogos voltem a acontecer quando uma reforma for feita.

- Agora, copie do texto as palavras destacadas que indicam:

a) tempo – _____

b) intensidade – _____

c) lugar – _____

d) dúvida – _____

2 Complete as frases com um advérbio que modifique o verbo destacado.

a) As meninas se **saíram** _____ no jogo de ontem.

b) Os alunos **ouviram** _____ o que o professor disse.

c) Eu **moro** _____, naquela casa branca.

d) Mateus **gosta** _____ de ouvir música.

e) O gato se **escondeu** _____ de um telhado para se proteger da chuva.

3 Leia o texto. Depois, escreva nos itens abaixo os advérbios destacados.

Reciclar

A reciclagem aproveita os resíduos como matéria-prima para fabricar novos objetos, possibilitando que retornem ao ciclo produtivo. O processo é **geralmente** realizado em usinas de reciclagem, mas para chegar **lá** o lixo precisa **primeiro** ser separado. Em casa, **já** é possível fazer os descartes separando os materiais que podem ser reciclados dos que **não** podem. Mas não adianta **apenas** a separação doméstica: o serviço de coleta do lixo não pode misturá-los – é preciso haver a chamada coleta seletiva.

Dificilmente se faz reciclagem em casa, porque ela exige equipamento para transformar detritos em matéria-prima. É possível fazer papel reciclado de forma artesanal, mas ele é **bem** diferente do papel reciclado industrialmente.

A dica, portanto, é não jogar fora sobras de material reciclável. Esse material pode ser vendido, doado ou encaminhado para algum programa de coleta seletiva.

Lixo e sustentabilidade, de Sonia Marina Muhringer e Michelle M. Shayer. São Paulo: Ática, 2011.

- Advérbio de lugar:
- Advérbio de modo:
- Advérbio de negação:
- Advérbio de tempo:
- Advérbio de ordem:
- Advérbio de exclusão:
- Advérbio de intensidade:

4 Complete o texto escrevendo, em cada espaço, um advérbio que indique **quando**, **como** e **onde** as ações acontecem.

Quando minha mãe levantou, ainda era .... Estranhei, pois ela .... levantava .... das 7 horas. .... curioso, atravessei o corredor e entrei pela porta .... aberta do quarto dela. De repente parei .... de uma caixa com um cartão que mamãe acabara de colocar, no qual estava escrito: "Para meu filho adorado, que .... completa .... um ano de vida!".

Entendi, então, por que ela levantara mais .... Era meu aniversário e, sem querer, estraguei a surpresa!

5 Localize as locuções adverbiais nas frases e contorne-as.

a) O encanador realizou o serviço em alguns minutos e saiu.

b) Esta colcha foi feita à mão.

c) Coloquei o vaso à direita do computador.

d) A partida está sendo disputada com garra.

e) De repente ouvimos um som estrondoso.

• Agora, complete o quadro com as locuções adverbiais que você contornou e com a ideia que elas dão.

Verbos a que se referem	Locução adverbial	Dá ideia de
realizou		
feita		
coloquei		
disputada		
ouvimos		

Ortografia: bem, mal; bom, mau

Leia estes balões. Observe as palavras destacadas.

NOSSA, QUE HISTÓRIA! FIQUEI COM PENA DO LOBO **MAU**.

EU FIQUEI COM MUITA PENA FOI DE VER O PORQUINHO PASSANDO **MAL** DE TANTO MEDO!

A palavra **mau** indica uma característica do substantivo **lobo**. Mau é um adjetivo.

Já a palavra **mal**, na fala do menino, é um advérbio que indica uma circunstância de modo (passando **mal**).

Agora, observe:

> Você já leu a história do lobo **mau**? E a do lobo **bom**, você leu?

Mau é o antônimo de **bom**.

> Ontem eu passei **mal**, mas hoje eu estou passando **bem**.

Mal é o antônimo de **bem**.

1 Complete o diálogo a seguir com as palavras **mal** ou **mau**.

— O _____ humor de João irritou a todos.
— Ele estava com dor, por isso parecia _____-humorado.

2 Complete as frases com **bom** ou **bem**.

a) O jogador está num _____ momento de sua carreira.

b) Que jovem _____-educado! Ajudou-me sem que eu pedisse.

33 ORAÇÃO, SUJEITO E PREDICADO

Leia a tirinha.

Armandinho sete, de Alexandre Beck. Florianópolis: A. C. Beck, 2015. p. 19.

Observe que em cada quadrinho há uma frase.

> **Frase** é uma palavra ou um conjunto de palavras com sentido completo.

As frases podem ter verbo ou não. Já as orações se caracterizam pela presença de um verbo.

Na tirinha de Armandinho, a frase do primeiro quadrinho não tem verbo, portanto, ela não é uma oração:

>Prontinho!

Agora, observe a frase do terceiro quadrinho:

>E que horas **começa** a dar abacate?
>   └── verbo

Essa frase é uma **oração**.

> **Oração** é uma frase que se organiza em torno de um verbo.

Leia e observe.

> Os alunos **jogam** bola no pátio.

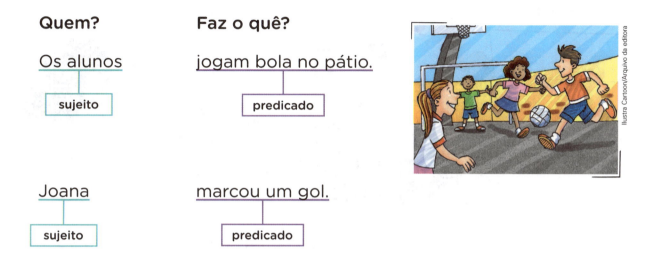

Quem?   **Faz o quê?**

Os alunos — *sujeito*   jogam bola no pátio. — *predicado*

Joana — *sujeito*   marcou um gol. — *predicado*

Numa oração há dois elementos principais: o **sujeito** e o **predicado**.

> **Sujeito** é o termo da oração sobre o qual se faz uma declaração.
> **Predicado** é tudo aquilo que se declara a respeito do sujeito.

Compare estas duas orações.

    O **professor** chegou cedo.   O professor **João** chegou cedo.

    núcleo do sujeito   *núcleo do sujeito*

> O **núcleo** do sujeito é a palavra que contém a informação principal do sujeito.

Agora, leia esta oração.

    O **porteiro** e o **diretor** chegaram cedo.

núcleos do sujeito

> O sujeito é **simples** quando tem **um** só núcleo. É **composto** quando tem **dois** ou **mais** núcleos.

Atividades

1 Escreva uma frase sem verbo no balão de cada cena. Use apenas uma palavra.

2 Pinte os quadrinhos abaixo de cada figura conforme o código a seguir.

🟨 Frase com verbo.   🟩 Frase sem verbo.

3 Observe a imagem e responda às questões da página seguinte.

a) Copie da placa as frases com verbos e contorne-os.

....

....

b) Qual frase não é uma oração? Por quê?

....

4 Leia um texto sobre o urso-polar, o maior animal carnívoro terrestre. Depois, escreva abaixo o sujeito dos verbos destacados.

Os pelos do urso-polar **são** ocos e quase transparentes, mas, no conjunto, **dão** a impressão de serem brancos. Os cientistas não **sabem** por quê, mas os pelos **funcionam** como isolantes térmicos poderosos. Ou seja, junto com a grossa camada de gordura que **fica** sob a pele do animal, os pelos **dificultam** a entrada do frio e **permitem** que o corpo do urso **fique** quentinho por mais tempo.

Gigante do gelo, de Julia Moióli. **Recreio**. São Paulo: Abril, ano 9, n. 444, 10 set. 2008.

- são: ....

- dão: ....

- sabem: ....

- funcionam: ....

- fica: ....

- dificultam: ....

- permitem: ....

- fique: ....

5 Observe a cena e complete as frases com o que se pede.

.... irão ao cinema juntos.
(sujeito composto)

Eles ....
(predicado)

> O **sujeito** pode ter mais de um núcleo.
> O **verbo** faz parte do predicado.

6 Complete as orações com um sujeito ou um predicado. Atenção à concordância do sujeito com o verbo.

Sujeito	Predicado
	adoram *pizza*.
Os palhaços	
Eu	
A banda de *rock*	
	deve jogar o lixo na lixeira.
Nós	

7 Contorne o sujeito de cada oração. Copie-o e classifique-o em simples ou composto.

a) Amanda adora pipoca.

....

b) Romeu e Julieta são personagens de um clássico da literatura.

....

c) As pessoas ficaram apreensivas no voo.

....

d) A multidão aplaudiu os artistas no final da apresentação.

....

e) Nós estamos ansiosos pelas férias.

....

8 Leia o diálogo.

GUTO, ESTOU FAZENDO UMA PESQUISA SOBRE O UNIVERSO. VOCÊ ME AJUDA?

SIM! VOU ENCONTRAR UM BOM LIVRO E LEREI SOBRE O ASSUNTO.

A locução verbal tem a mesma função do verbo.

- Copie dos balões:

a) as locuções verbais: ....

....

b) os verbos: ....

Ortografia: meio, meia

Observe.

No balão, a palavra **meio** significa "um pouco", "mais ou menos".

Quando equivale a "um pouco" ou "mais ou menos", a palavra **meio** é advérbio, portanto é invariável. Exemplos: **meio** rouco, **meio** rouca; **meio** cansados, **meio** cansadas.

Agora, leia a tirinha e observe a palavra destacada.

Garfield, um gato de peso, de Jim Davis. São Paulo: Meribérica do Brasil, 1999.

A palavra **meia**, quando equivale a "metade", é adjetivo. A palavra é variável. Exemplos: **meia** caneca, **meio** copo, **meia** hora, **meio** minuto.

1 Observe as falas dos balões e justifique o uso de **meio** e **meia**.

PARA FAZER ESTA RECEITA PRECISO DE **MEIO** QUILO DE FARINHA E **MEIA** XÍCARA DE ÓLEO.

NÓS SEMPRE ALMOÇAMOS AO **MEIO**-DIA E **MEIA**.

....

....

....

....

2 Complete adequadamente as frases com **meio** ou **meia**.

a) Escrevi uma redação de .... página.

b) As professoras parecem .... cansadas hoje.

c) Esqueci a porta da entrada .... aberta.

d) Sou estudante, portanto pago .... entrada no cinema.

e) Toda noite tomo .... copo de leite antes de dormir.

• Contorne nos itens acima a palavra **meio** usada como advérbio (invariável).

3 Marque um **X** na frase em que o uso de **meia** ou **meio** está incorreto.

☐ Estou pesando meio quilo a mais que no mês passado.

☐ Já é meio-dia e meio; tenho de ir embora.

34 INTERJEIÇÃO

Leia esta HQ.

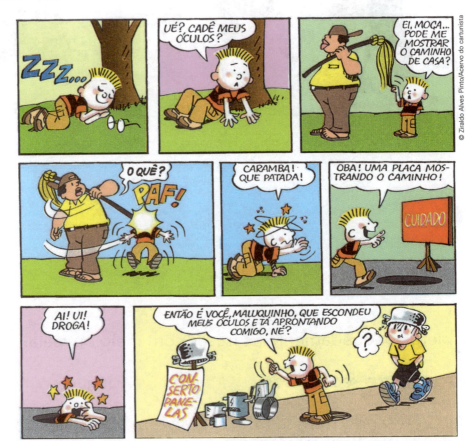

Curta o Menino Maluquinho 2, de Ziraldo. São Paulo: Globo, 2007.

Agora, encontre:

- no segundo quadrinho, a palavra que expressa surpresa: ....
- no terceiro quadrinho, a palavra que expressa apelo: ....
- no quinto e sétimos quadrinhos, as palavras que expressam desagrado:

  ....

- no sexto quadrinho, a palavra que expressa alegria: ....
- no sétimo quadrinho, as palavras que expressam dor:

  ....

Interjeições são palavras ou expressões que demonstram sentimentos, emoções, sensações, tais como alegria, susto, dor, medo, etc.

Conheça algumas interjeições e o que elas indicam.

Admiração	Ah!, Oh!, Nossa!, Puxa!, Caramba!, Uau!
Advertência	Cuidado!, Olhe!, Atenção!
Agradecimento	Obrigado!, Obrigada!, Grato!, Grata!, Valeu!
Alegria	Ah!, Oh!, Eh!, Oba!, Viva!, Eba!
Alívio	Ufa!, Arre!
Animação	Eia!, Coragem!, Avante!, Vamos!, Força!
Apelo	Socorro!, Psiu!, Ei!
Aplauso	Bravo!, Apoiado!, Bis!, Ótimo!, Legal!
Desagrado	Ih!, Xi!, Arre!, Credo!, Droga!
Nojo	Argh!
Desejo	Oxalá!, Tomara!, Pudera!
Dor	Ai!, Ui!
Medo	Cruzes!, Uh!, Ui!, Credo!
Pena	Coitado!, Oh!
Satisfação	Viva!, Oba!, Boa!, Hum!
Saudação	Oi!, Olá!, Alô!, Salve!
Silêncio	Psiu!, Silêncio!

Atividades

1 Leia as frases. Depois, contorne as interjeições e faça a correspondência de acordo com o que cada interjeição representa.

1	Ui, meu dente!		despedida
2	Tchau! Tenho que ir agora.		satisfação
3	Argh! Uma barata!		nojo
4	Hum... que delícia!		dor

2 Leia o texto abaixo.

Rir não custa nada!

Um menino foi até o sorveteiro e perguntou:
— Tem sorvete de ervilhas?
— Não.
No outro dia ele voltou e perguntou de novo:
— Tem sorvete de ervilhas?
— Não.
Então o sorveteiro pensou:
— Se eu fizer um sorvete de ervilhas para esse menino, ele vai parar de me encher.
E ele fez o tal sorvete. No dia seguinte, o menino voltou lá e perguntou:
— Tem sorvete de ervilhas?
— Tem.
— Eca!!!

Dinheiro compra tudo?: educação financeira para crianças, de Cássia D'Aquino. São Paulo: Moderna, 2016. p. 35.

a) Você achou esse texto engraçado? Por quê?

b) Copie a interjeição e escreva a ideia que ela expressa.

3 Use as interjeições do quadro para completar as frases, de acordo com o que elas expressam.

| oba | valeu | oh | ai | coragem | puxa |

a) Turma, ...! (animação)

b) Vocês se saíram muito bem na prova! ....! (aplauso)

c) ...., quantas questões pra resolver! (impaciência)

d) ....! O livro que eu quero! (surpresa)

e) ....! Passei de ano! (alegria)

f) ....! Escorreguei no chão molhado! (dor)

4 Leia o trecho de um conto.

"Eu veria o jardim muito melhor", pensou Alice, "se conseguisse chegar ao topo daquela colina; e aqui tem um caminho que vai direto até lá... quer dizer (depois de andar alguns metros pelo caminho e fazer várias curvas súbitas), não, ele não vai *direto*... mas acho que vou acabar chegando lá. Que curvas esquisitas! Parece mais um saca-rolhas do que um caminho! Bom, essa curva leva à colina, acho... Oh, não, não leva! Volta direto pra casa! Bem, então vou experimentar o sentido contrário".

Alice através do espelho, de Lewis Carroll. Tradução: Márcia Soares Guimarães. Belo Horizonte: Autêntica, 2017. p. 27.

- Contorne, no texto, a expressão usada por Alice que indica a decepção dela por não ter encontrado o caminho que procurava.

Duas ou mais palavras podem desempenhar a função de uma interjeição. São as **locuções interjetivas**.

Ortografia — sexta, cesta

1 Leia e observe as palavras destacadas.

> Letícia é a **sexta** pessoa da fila. Ela carrega uma pequena **cesta** de frutas.

- O que há de semelhança e diferença entre as palavras destacadas?

....

....

> **Sexta** é um numeral ordinal, correspondente a seis.
>
> **Cesta** é um substantivo que significa "utensílio para transportar produtos".
>
> Essas duas palavras são homófonas, ou seja, são iguais na pronúncia e diferentes na significação e na grafia.

2 Complete as frases com as palavras **sexta** e **cesta**.

a) Ânderson deu uma .... de flores para sua mãe.

b) Diana foi a .... colocada na corrida das meninas na escola.

c) Já estou na .... página do livro de contos que comprei hoje.

3 Agora, complete as frases a seguir com as palavras do quadro. Consulte o dicionário, em caso de dúvida.

concerto	conserto	cem	sem

a) Eu tomo suco .... açúcar.

b) O .... do computador ficou caro.

c) Meu avô completou .... anos ontem.

d) Vou assistir a um .... no parque com meus pais.

4 Complete as falas com as palavras **sexto** ou **cesto**.

5 As palavras de cada um dos itens a seguir são homônimas, isto é, têm a mesma pronúncia, mas significado e escrita diferentes. Consulte um dicionário para descobrir o significado de cada palavra e escreva uma frase com cada uma delas.

a) caçar ....

....

cassar ....

....

b) acender ....

....

ascender ....

....

267

PENSAR, REVISAR, REFORÇAR

1 Observe a imagem abaixo. Imagine que a família está em férias e vai viajar.

a) Converse com os colegas sobre o destino que vocês imaginam que essa família escolheu para as férias. Tente imaginar por quanto tempo eles vão viajar e quando voltarão.

- Agora, usando ao menos três verbos regulares e dois irregulares, descreva o que a família planeja fazer nas férias.

....
....
....
....

b) Imagine que todo ano essa família faça uma viagem de férias. Usando verbos no pretérito, conte como foi a viagem do ano anterior.

....

....

....

....

....

....

2 Imagine que um amigo da família enviou mensagem perguntando como está sendo a viagem, onde estão e quando todos retornarão. Escreva um pequeno texto respondendo a essa mensagem.

....

....

....

....

....

....

....

- No texto que você escreveu, há informações sobre quando e onde os fatos relatados aconteceram?

....

SUGESTÕES PARA O ALUNO

Livros

A rebelião dos acentos, de William Tucci, Scipione.

Natália e Sofia descansam na grama de uma pracinha. De repente, ouvem vozes e pensam que são de insetos. Será maluquice? Na verdade, trata-se de um exército de acentos revoltados porque as pessoas não reconhecem seu valor. Um modo divertido de abordar o uso dos acentos e de outros sinais auxiliares na escrita da língua portuguesa.

O Clube dos Contrários, de Sílvia Zatz, Companhia das Letrinhas.

Juca não entendia por que devia fazer tudo do jeito dos adultos. Por que usar a cadeira só para sentar se ela também podia ser o estacionamento de uma nave espacial? Para provar que estava certo, Juca criou o Clube dos Contrários. Lá, tudo era muito divertido, mas ocorreram alguns probleminhas...

Site

Prevenção e combate ao *Aedes aegypti*

Disponível em: <https://www.unicef.org/brazil/prevencao-e-combate-ao-aedes-aegypti>. Acesso em: 21 fev. 2020.

Conheça formas de combater o *Aedes aegypti*, eliminando os focos do mosquito com ações simples que podem salvar vidas.

Livros

Fábulas de Jean de La Fontaine, adaptação de Lúcia Tulchinski, Scipione.

Cada um deve valorizar os próprios dons. O que serve para uma pessoa pode não funcionar para outra. O céu ajuda a quem se ajuda. Quem trabalha garante o seu futuro. Esses e outros ensinamentos aparecem nas fábulas reunidas neste livro.

Navegando pela língua portuguesa, de Douglas Tufano, Moderna.

A língua portuguesa muda o tempo todo, mas quando será que ela nasceu? Cheio de curiosidades, este livro mostra como a língua portuguesa surgiu e como ela foi se transformando com todas as contribuições que recebeu.

Uma menina, um menino: papel de carta, papel de embrulho, de Flavio de Souza, Scipione.

A menina escreve cartas para amigos de mentirinha; o menino faz embrulhos coloridos e enfeitados. Do encontro dos dois, surgem divertidas brincadeiras... e uma grande amizade!

Livros

O piano das cores, de Massin, Ibep.

Jonas é um menino brincalhão, bom aluno e um pouquinho bagunceiro. Aparentemente comum, não? Mas algo o tornava especial: Jonas enxergava os sons e ouvia as cores! Por isso seu pai construiu um piano diferente para ele: o piano das cores. Como será que esse instrumento funciona?

Píppi Meialonga, de Astrid Lindgren, Companhia das Letrinhas.

Píppi tem nove anos e uma vida bem diferente: ela mora sozinha, porque não tem os pais, e mesmo assim é feliz! Ela mesma faz suas roupas (um pouco estranhas) e sua comida (biscoitos, panquecas e sanduíches). Encantadora, Píppi realiza sonhos de liberdade e aventura.

Vídeo

Lanches saudáveis para levar para a escola. 5 min 3 s

Disponível em: <https://www.youtube.com/watch?v=xnTf9cI4RxY>. Acesso em: 21 fev. 2020.

Neste vídeo você vai conhecer muitas ideias de lanches saudáveis, simples e deliciosos para levar para a escola.

Livros

Emília no País da Gramática, de Monteiro Lobato, Globo.

A boneca Emília sempre tem ideias geniais. Dessa vez, ela convidou seus amigos para passear pelo País da Gramática. Assim, eles poderiam aprender a língua portuguesa enquanto caminhavam pela cidade Portugália, criando palavras ou conversando com as senhoras Etimologia, Sintaxe, Ortografia e muitas outras, que ensinam a origem e o significado das palavras e a forma correta de escrevê-las.

O homem que calculava, de Malba Tahan, Record.

Você gosta de fazer contas, mexer com algarismos e brincar com jogos matemáticos? Então precisa conhecer a história de Bereniz Samir, um viajante que tem o dom da Matemática. Até os problemas mais difíceis são simples para ele. Você vai se surpreender.

BIBLIOGRAFIA

ADAMS, M. J. et al. *Consciência fonológica em crianças pequenas*. Porto Alegre: Artmed, 2006.

ANTUNES, I. *Gramática contextualizada*: limpando "o pó das ideias simples". São Paulo: Parábola Editorial, 2007.

_____. *Muito além da gramática*: por um ensino de línguas sem pedras no caminho. São Paulo: Parábola Editorial, 2007.

AZEREDO, J. C. de. *Gramática Houaiss da língua portuguesa*. São Paulo: Publifolha, 2014.

BAGNO, M. *Gramática pedagógica do português brasileiro*. São Paulo: Parábola Editorial, 2012.

BECHARA, E. *Moderna gramática portuguesa*. Rio de Janeiro: Nova Fronteira, 2019.

BELINTANE, C. *Oralidade e alfabetização*: uma nova abordagem da alfabetização e do letramento. São Paulo: Cortez, 2013.

BORGES, D. S. C.; MARTURANO, E. M. *Alfabetização em valores humanos*: um método para o ensino de habilidades sociais. São Paulo: Summus, 2012.

BRASIL. Ministério da Educação. Secretaria de Educação Fundamental. *Base Nacional Comum Curricular (BNCC)*. Brasília, 2017.

CAGLIARI, L. C. *Alfabetização & linguística*. São Paulo: Scipione, 2009. (Pensamento e ação na sala de aula).

CAMARA JÚNIOR, J. M. *Dicionário de linguística e gramática*: referente à língua portuguesa. Petrópolis: Vozes, 2009.

_____. *Manual de expressão oral e escrita*. Petrópolis: Vozes, 2012.

CEGALLA, D. P. *Dicionário de dificuldades da língua portuguesa*. Rio de Janeiro: Lexikon, 2009.

CUNHA, C.; CINTRA, L. F. L. *Nova gramática do português contemporâneo*. Rio de Janeiro: Nova Fronteira, 2013.

DEMO, P. *Habilidades e competências*: no século XXI. Porto Alegre: Mediação, 2010.

DUDENEY, G.; HOCKLY, N.; PEGRUM, M. *Letramentos digitais*. Tradução: Marcos Marciolino. São Paulo: Parábola Editorial, 2016.

INSTITUTO ANTÔNIO HOUAISS; AZEREDO, J. C. (Coord.). *Escrevendo pela nova ortografia*: como usar as regras do novo acordo ortográfico da língua portuguesa. São Paulo: Publifolha, 2013.

LUFT, C. P. *Novo Guia Ortográfico*. São Paulo: Globo, 2013.

MICOTTI, M. C. de O. (Org.). *Leitura e escrita*: como aprender com êxito por meio da pedagogia de projetos. São Paulo: Contexto, 2009.

MORAIS, A. G. *Ortografia:* ensinar e aprender. São Paulo: Ática, 2012.

_____. *Sistema de escrita alfabética*. São Paulo: Melhoramentos, 2012. (Como eu ensino).

NÓBREGA, M. J. *Ortografia*. São Paulo: Melhoramentos, 2013. (Como eu ensino).

PERINI, M. A. *Para uma nova gramática do português*. São Paulo: Ática, 2007.

SAVIOLI, F. P.; FIORIN, J. L. *Para entender o texto*: leitura e redação. São Paulo: Ática, 2007.

TRAVAGLIA, L. C. *Na trilha da gramática*: conhecimento linguístico na alfabetização e letramento. São Paulo: Cortez, 2013.

ZABALA, A.; ARNAU, L. *Como aprender e ensinar competências*. Porto Alegre: Artmed, 2010.

PINOCHO

Cuento de Carlo Collodi
Adaptado por Amanda Valentin
Ilustrado por André Rocca

Aluno: ....
Escola: .... Turma: ....

Gepeto era un viejo carpintero muy bondadoso, pero vivía muy solito. Sus únicas compañías eran su gato y su pez.

Cierto día, en su vieja carpintería, el amable y simpático Gepeto resolvió construir un muñeco de madera.

El señor terminó su trabajo dando los últimos retoques de pintura al muñeco de madera. Al mirarlo, pensó: "¡Qué bonito me ha quedado!".

Como el muñeco había sido hecho de madera de pino, Gepeto decidió llamarlo Pinocho.

Al finalizar el muñeco, Gepeto deseó en alta voz:
—¡Ojalá fuera un niño de verdad! Siempre deseé tener un hijo.

Al encontrarse Gepeto profundamente dormido, llegó a la casa del carpintero un hada azul muy buena. Y viendo a Pinocho tan bonito, quiso premiar al buen carpintero, dando, con su varita mágica, vida al muñeco.

Un grillo parlante se tornó su amigo y consejero, como un regalo a Pinocho dado por el hada buena.

Al día siguiente, cuando se despertó, Gepeto no daba crédito a sus ojos. Pinocho caminaba, hablaba, se movía como un niño de verdad, qué alegría del viejo carpintero:

—¡No lo puedo creer!

Feliz y muy satisfecho, Gepeto mandó a Pinocho a la escuela. Quería que fuera un niño muy listo y que aprendiera muchas cosas.

Pero, en el camino al colegio, Pinocho resolvió salir de paseo, ignorando los consejos del grillo:

—Pinocho, sé un buen niño. Gepeto no se enorgullecerá de ti así.

En el camino, siempre al lado del grillo, Pinocho encontró un gato y una zorra. Eran dos malhechores que llevaron Pinocho hasta un teatro de marionetas que estaba en la ciudad. El dueño del teatro se encantó con el muñeco y lo invitó a presentarse durante un espectáculo.

Las advertencias del grillo parlante no eran oídas en absoluto. Tanto que Pinocho aceptó la invitación del dueño del teatro y se presentó en el espectáculo.

Después de la exhibición, el dueño del teatro prendió al muñeco y al grillo en una jaula.

Los dos se pusieron muy tristes, pues no sabían cómo podrían salir de allí.

Al verse en esta situación, el grillo se acordó del hada azul.

En ese mismo momento, el hada apareció y les preguntó a ellos qué pasaba. Pinocho sintió vergüenza de decirle la verdad y empezó a contarle una historia fantasiosa.

Por portarse mal, el hada buena le lanzó un hechizo: cada vez que decía una mentira, le crecía la nariz poniéndosele colorada.

Entonces Pinocho se arrepintió, prometió ser un buen niño a partir de ese día y le contó la verdad. Así, el hada los puso en libertad y Pinocho y su amigo grillo pudieron volver a casa de Gepeto.

El día siguiente, al ir a la escuela, Pinocho se hizo amigo de niños muy malos. Decidió, entonces, en vez de ir al cole, seguir a sus nuevos amigos, buscando aventuras no muy buenas, ignorando los consejos del grillito. Los niños lo invitaron a visitar con ellos una isla donde todo era permitido.

Para llegar a tal isla los niños utilizaron un carruaje tirado por burros.

Al llegar a la isla, Pinocho encontró, de veras, mucha diversión. Pero, no tardó, se acordó de su padre, Gepeto, del hada y que le había prometido ser un buen niño. En ese mismo momento percibió que sus compañeros de travesuras se habían convertido en burros, como los del carruaje.

El hada buena les había lanzado un hechizo. Por no ir a la escuela, les puso a todos los niños orejas de burro. ¡Incluso a Pinocho!

El muñeco de madera empezó a llorar y lamentarse:

—¿Por qué no he escuchado a mi papá? Y ahora, ¿qué voy a hacer de mi vida?

Pinocho acabó reconociendo que no estaba siendo bueno, y arrepentido decidió buscar a Gepeto. Supo entonces que Gepeto, al salir en su busca por el mar, había sido tragado por una enorme ballena.

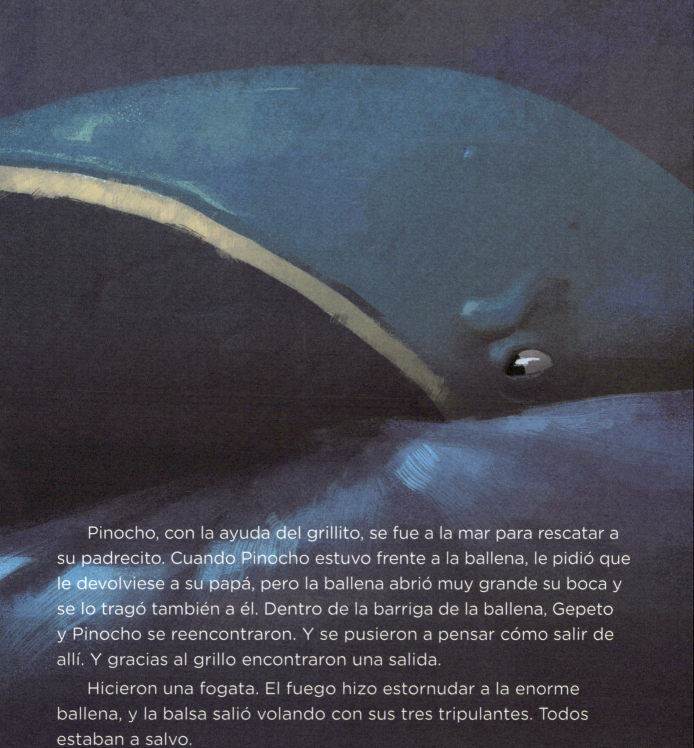

Pinocho, con la ayuda del grillito, se fue a la mar para rescatar a su padrecito. Cuando Pinocho estuvo frente a la ballena, le pidió que le devolviese a su papá, pero la ballena abrió muy grande su boca y se lo tragó también a él. Dentro de la barriga de la ballena, Gepeto y Pinocho se reencontraron. Y se pusieron a pensar cómo salir de allí. Y gracias al grillo encontraron una salida.

Hicieron una fogata. El fuego hizo estornudar a la enorme ballena, y la balsa salió volando con sus tres tripulantes. Todos estaban a salvo.

Pinocho volvió a casa y al colegio y, a partir de ese día, siempre se ha comportado bien. Y en recompensa de su bondad, el hada buena lo convirtió en un niño de carne y hueso.

Y fueron muy felices por muchos y muchos años.